PAULO CAMARGO

Eleito um dos CEOs mais admirados do Brasil – transformando negócios e pessoas

SEJA O LÍDER QUE VOCÊ GOSTARIA DE TER COMO CHEFE

Uma jornada real sobre como desenvolver sua liderança, transformar equipes e deixar um legado que vai além dos números

Prefácio de **Paulo Vieira**
Apresentação de **João Branco**

Diretora
Rosely Boschini

Gerente Editorial Sênior
Rosângela de Araujo Pinheiro Barbosa

Editoras
Carolina Forin
Juliana Fortunato

Assistente Editorial
Camila Gabarrão

Produção Gráfica
Leandro Kulaif

Preparação
Mariana Rimoli

Capa
Plinio Ricca

Projeto Gráfico
Márcia Matos

Adaptação e Diagramação
Gisele Baptista de Oliveira

Revisão
Marina Montrezol
Bruna Fontes

Impressão
Santa Marta

CARO(A) LEITOR(A),
Queremos saber sua opinião
sobre nossos livros.
Após a leitura, siga-nos no
linkedin.com/company/editora-gente,
no TikTok **@editoragente**
e no Instagram **@editoragente**,
e visite-nos no site
www.editoragente.com.br.
Cadastre-se e contribua com
sugestões, críticas ou elogios.

Copyright © 2025 by Paulo Camargo
Todos os direitos desta edição
são reservados à Editora Gente.
R. Dep. Lacerda Franco, 300 – Pinheiros
São Paulo, SP – CEP 05418-000
Telefone: (11) 3670-2500
Site: www.editoragente.com.br
E-mail: gente@editoragente.com.br

Dados Internacionais de Catalogação na Publicação (CIP)
Angélica Ilacqua CRB-8/7057

Camargo, Paulo
　　Seja o líder que você gostaria de ter como chefe : uma jornada real
sobre como desenvolver sua liderança, transformar equipes e deixar um
legado que vai além dos números / Paulo Camargo. - São Paulo : Editora
Gente, 2025.
　　192 p.

ISBN 978-65-5544-472-8

1. Desenvolvimento profissional 2. Liderança I. Título

24-2074　　　　　　　　　　　　　　　　　　　　　　　　CDD 658.3

Índices para catálogo sistemático:
1. Desenvolvimento profissional

NOTA DA PUBLISHER

Já reparou como a ideia de um "líder ideal" muitas vezes parece inalcançável?

Reunimos tudo o que ouvimos em livros, palestras e redes sociais – e formamos quase um super-herói: alguém que tem todas as respostas, nunca erra e sempre sabe o que fazer. Mas esse líder, na prática, não existe.

A liderança real não está em saber tudo, mas em saber com quem contar. Nenhum líder, por mais brilhante que seja, cresce sozinho. Por trás de uma gestão poderosa, existe sempre uma equipe comprometida e uma cultura que valoriza o humano.

É por isso que a trajetória do Paulo Camargo me toca tanto. Acompanho seu trabalho desde a época em que liderava o McDonald's no Brasil – e sempre me impressionou a maneira como ele enxerga a liderança: com humanidade.

Paulo sabe que grandes resultados nascem da confiança e do cuidado com as pessoas. Ao longo de décadas à frente de empresas em momentos desafiadores, ele lapidou um modelo próprio, capaz de sustentar transformações profundas: a liderança tridimensional.

Liderar não é sobre carregar o mundo nas costas, é sobre inspirar outros a construírem esse mundo com você. E, neste livro, você terá acesso a essa metodologia na prática e, mais do que isso, à sabedoria de quem viveu cada um dos desafios que compartilha.

Na Editora Gente, acreditamos em livros que impactam vidas. E este é um deles. Por isso, espero que a jornada do Paulo ajude você a construir uma liderança mais consciente, mais humana e muito mais potente.

ROSELY BOSCHINI
CEO e Publisher da Editora Gente

Aos chefes que me fizeram jurar que nunca seria como eles.
Vocês foram, sem saber, meus melhores professores.

A todos que, como eu, transformam limitações em superpoderes.
A timidez me ensinou a ouvir. E você, o que suas fragilidades
estão tentando lhe ensinar?

Este livro não é só seu.
É das pessoas que você vai inspirar depois de lê-lo.

AGRADECIMENTOS

Este livro não nasceu só de ideias. Ele nasceu de vivências, de cicatrizes, de conversas longas, de silêncios cheios de significado. Ele nasceu de gente. De fé. De amor.

A Deus, minha primeira e constante referência. Se hoje posso escrever sobre liderança com verdade, é porque tive direção mesmo quando os caminhos eram incertos.

Aos meus pais, meu chão. Tudo o que sou carrega, de algum jeito, o que aprendi com vocês – nos gestos, nas escolhas, no olhar. O valor do trabalho, do respeito, da palavra. Isso veio de casa.

Aos meus irmãos, que sempre foram fonte de força, referência e apoio incondicional. Aos meus sobrinhos, que me trazem alegria, orgulho e uma nova forma de enxergar as próximas gerações com esperança e admiração.

E aos meus amigos e a toda a família: obrigado por estarem presentes com leveza, verdade e generosidade em tantos momentos que me tornaram quem sou.

Débora, meu amor, minha parceira de vida e de alma. Você não só acompanhou esse livro – você construiu e viveu ele comigo. Foi na escuta, nas provocações, no apoio incondicional. Cada página tem um pouco do seu coração. Nada disso faria sentido sem você.

Aos meus filhos, os maiores líderes que eu conheço. Porque me desafiam, me ensinam, me desconstroem – e depois me abraçam como se tudo estivesse certo. Com vocês aprendi, de verdade, que liderar começa em casa.

A todas as pessoas que cruzaram meu caminho nas organizações nas quais tive o privilégio de trabalhar – minha eterna gratidão. Mais do que resultados, construímos histórias. Mais do que entregas, deixamos marca.

Ao Exército, por ter me ensinado valores que carrego até hoje: disciplina, lealdade e compromisso com o coletivo.

À Editora Gente, por acreditar neste livro antes que ele existisse.

Ao Paulo Vieira, pelo prefácio generoso, e ao João Branco, pela apresentação afetuosa e verdadeira.

E a você, leitor.

Que este livro o faça se lembrar do que realmente importa quando o assunto é liderar:

Gente. Propósito. Coragem.

Que ele o provoque, o inspire e, principalmente, o leve a deixar um legado do qual você se orgulhe.

SUMÁRIO

Prefácio..10

Apresentação...12

Introdução..15

Capítulo 1 - Liderança: hábito ou dom?.......................22

Capítulo 2 - As raízes do problema.............................34

Capítulo 3 - Liderança tridimensional..........................40

Capítulo 4 - Não seja complacente.............................52

Capítulo 5 - Não se esqueça dos executantes..............80

Capítulo 6 - Seja autêntico e empático......................102

Capítulo 7 - Terceirize suas fraquezas.......................124

Capítulo 8 - Desestruturar para potencializar.............138

Capítulo 9 - Criar significado...................................156

Capítulo 10 - E agora?..178

Capítulo 11 - Daqui em diante..................................186

PREFÁCIO

Liderar é servir com coragem, agir com propósito e acreditar nas pessoas antes mesmo que elas acreditem em si mesmas. Liderar é ser exemplo, com sabedoria, e permanecer humilde para aprender todos os dias. Como diz em Provérbios 4:7: "A sabedoria é a coisa principal; adquire a sabedoria, sim, com tudo o que possuis adquire o entendimento". A liderança verdadeira nasce do caráter e transborda em ações que transformam vidas.

Quando recebi o convite para escrever este prefácio, imediatamente pensei: *É exatamente isso que o Brasil precisa ler.* Em tempos em que a liderança se tornou rasa e os discursos, vazios, este livro traz profundidade, verdade e prática. Liderar não é teoria – é prática diária, é decisão.

Este livro não é uma coletânea de frases feitas nem um manual de fórmulas mágicas. É um guia direto e real para quem escolheu deixar de ser comandado pela vida para se tornar senhor do próprio destino. Como eu sempre digo: "Quem tem objetivos governa, quem não tem é governado". E governar sua liderança é o primeiro passo para governar sua vida.

Paulo Camargo entrega aqui uma metodologia simples, poderosa e, acima de tudo, testada – a liderança tridimensional – forjada em crises, reestruturações e grandes vitórias. Ele fala de dentro da trincheira, não do pedestal. Fala como quem já sentiu medo, duvidou, mas escolheu agir. Porque o verdadeiro líder entende: tem poder quem age, mais poder ainda quem age certo, e poder absoluto quem age na hora certa.

Ao longo destas páginas, você será confrontado com seus sabotadores internos. Será desafiado a construir uma liderança autêntica, empática e firme. Vai entender que o verdadeiro engajamento nasce do significado, e não da imposição. E mais: que o maior legado de um líder não é o que ele conquista, mas como ele faz as pessoas se sentirem. Como diz Filipenses 2:4: "Cada um cuide, não somente dos seus interesses, mas também dos interesses dos outros".

Este livro é muito mais do que um manual de liderança. É um chamado à transformação pessoal. Um convite para se tornar o tipo de líder que inspira pelo que é, transforma pelo que faz e deixa marcas eternas por onde passa. Paulo Camargo não oferece atalhos. Ele oferece o único caminho que realmente funciona: refletir, agir, corrigir e seguir. Liderança começa na mente, passa pelo coração e chega nas mãos que constroem resultados.

Prepare-se para uma jornada que vai transformar sua liderança – e sua vida. Ao terminar esta leitura, você não será mais o mesmo. E lembre-se: o melhor sempre está por vir!

Boa leitura!

PAULO VIEIRA, PHD
Autor best-seller e criador do Método CIS

APRESENTAÇÃO

Descobri que a gente não coloca no currículo uma das informações mais importantes de nossa história profissional. Em nosso perfil do LinkedIn, mencionamos com orgulho nossas conquistas, promoções e premiações. Deixamos claros os idiomas que dominamos, os projetos que lideramos e ainda damos um toque "marketeiro" para deixar as palavras mais bonitas. Mas há uma informação fundamental que ninguém menciona no currículo – e que faz toda a diferença: **as pessoas com quem trabalhamos**.

Quem foram seus líderes? Seus colegas de trabalho? Seus clientes? Seus colaboradores? Seus fornecedores? Seus concorrentes?

Que diferença faz para você saber o nome da academia onde eu treino jiu-jitsu depois que eu conto que recebi a faixa preta do Rickson Gracie? O que pesa mais: eu dizer que trabalho em um restaurante da moda ou contar que aprendi a cozinhar com a Helena Rizzo, trabalhando ao lado dela por quatro anos? Imagine se eu lhe mostrasse um vídeo do Mike Tyson dizendo que meu soco foi o que mais doeu em uma luta dele. Ou se eu revelasse que fui treinado pelo Guardiola em um clube de futebol por seis anos. Já pensou se a Cris Junqueira dissesse por aí que eu fui o melhor profissional com quem ela já realizou um projeto?

As pessoas que trabalharam com você moldaram seu talento. Foi com elas que você aprendeu muito do que sabe. Elas estavam lá nos dias em que você foi elogiado – e também quando teve um contrato cancelado. "Descascaram muita batata" com você. Ensinaram a você como fazer – e como não fazer. Tenho certeza de que até seus concorrentes foram seus professores. Mas ninguém deixou uma marca tão profunda na sua carreira quanto os líderes que você teve.

Tive a sorte de fazer parte da equipe do Paulo Camargo. Um cara muito exigente, mas de um coração enorme. Passamos bons anos "jogando" juntos. Recebi vários feedbacks de que não gostei na hora. E também fui reconhecido muitas vezes. Como ele mesmo escreve neste livro, foi o Paulo quem me deu as maiores oportunidades de minha carreira. **Só virei o "João do Méqui" porque ele confiou em mim.** E isso fez toda a diferença.

Costumo descrever o Paulo como alguém que está sempre com o "radar ligado". Não apenas para oportunidades de negócios, mas, principalmente, para chances de deixar uma marca na vida das pessoas ao seu redor.

Aprendi com ele, na prática, a diferença entre um chefe e um líder. Já vi o Paulo chorar em reuniões. Já vi ele ter a coragem de fazer o certo, mesmo quando essa era a decisão mais difícil. Já vi ele sem saber o que fazer, mas com a certeza de que deveria ouvir as pessoas. E já vi ele conduzir negócios a resultados impressionantes. Por isso, tenho a honra de colocar em meu currículo: **eu já aprendi muito com o Paulo Camargo.**

E fico muito feliz que este livro tenha sido lançado, para que todos vocês também possam aprender um pouco com um dos CEOs mais admirados do Brasil. **Aproveitem essa oportunidade!**

JOÃO BRANCO
@falajoaobranco
Ex-vice-presidente de Marketing do "Méqui" e
colaborador da equipe do Paulo Camargo por vários anos

INTRODUÇÃO

Há alguns meses, fui almoçar com a Daniela. A Dani é uma ótima executiva: experiente, excelente profissional, com anos de carreira de sucesso. Depois de um almoço bastante agradável, lembro de ouvi-la dizer: **"Paulo, a maioria das pessoas que conheço trata a liderança como algo difícil, mas, quando você fala de liderança, fala como se fosse algo tão fácil!"**. Aquilo me surpreendeu, ainda mais vindo de uma líder tão respeitada, e me deixou com uma pulga atrás da orelha.

A Dani não foi a única a me dizer isso. Então, este livro nasceu a partir da observação de todas as pessoas que, ao longo dos últimos anos, me disseram que falo de liderança como se fosse algo fácil. Pretendo usar as reflexões feitas aqui como um esclarecimento: **liderar não é fácil – se fosse, a indústria de treinamentos de liderança não movimentaria globalmente mais de 300 bilhões de dólares por ano,**[1] como o faz hoje. "Liderança" não seria um dos

---

1 PROKOPEAK, M. Follow the Leader(ship) Spending. **Chief Learning Officer**, 21 mar. 2018. Disponível em: https://www.chieflearningofficer.com/2018/03/21/follow-the-leadership-spending. Acesso em: 28 mar. 2024.

temas mais comuns em livros de negócios nem uma preocupação constante para o desenvolvimento das organizações.

Se liderar fosse fácil, não teríamos o dado de que 72% dos líderes entrevistados pela Global Leadership Forecast, em 2023, relataram chegar esgotados ao final de um dia de trabalho.[2] Também não saberíamos que, conforme uma pesquisa feita pela Deloitte, 55% dos CEOs entrevistados relataram que "desenvolver a próxima geração de líderes" da empresa é seu maior desafio.[3]

OS DESAFIOS DO LÍDER

Qual é seu maior desafio hoje como líder? Talvez seja garantir que seu Time entregue um conjunto de resultados. Pode ser também tornar "unido" um grupo de pessoas que, até então, está apenas "junto". Ou então ajudar um Colaborador a atingir o máximo potencial. Ou se conectar de verdade com as pessoas sob seu comando para aumentar o comprometimento e o engajamento, melhorar resultados, vender mais, incrementar a produtividade e a eficiência de um processo, ganhar *market share*, aumentar lucros... Ou quem sabe reduzir o absenteísmo, o turnover ou outros indicadores negativos do Time.

TALVEZ SEU MAIOR DESAFIO COMO LÍDER, HOJE, SEJA ATENDER AS SUAS PRÓPRIAS EXPECTATIVAS DO QUE UM LÍDER DEVE SER.

---

2 GLOBAL Leadership Forecast 2023. **DDI**, 2023. Disponível em: https://www. ddiworld.com/global-leadership-forecast-2023. Acesso em: 28 mar. 2024.

3 HIGH-IMPACT Leadership. **Deloitte Development LLC**, 2017. Disponível em: https://www2.deloitte.com/content/dam/Deloitte/ca/Documents/audit/ca-audit-abm-scotia-high-impact-leadership.pdf. Acesso em: 28 mar. 2024.

Em uma carreira de décadas à frente de grandes empresas no Brasil e no mundo – entre elas a Iron Mountain Espanha, a Arcos Dourados (operadora da marca McDonald's), a Espaçolaser, a ZAMP, bem como conselheiro de outras empresas, como a International Meal Company, a Atlas Governance e a Food To Save, posso dizer que já tive de enfrentar todos esses "maiores desafios". Ao fazer isso, **muitas vezes me senti cheio de dúvidas, temeroso por minha Equipe, sem saber exatamente se o que eu estava fazendo daria certo.** Já me perguntei mais vezes do que consigo contar: "Qual será o melhor caminho a seguir?".

A liderança é treino, é disciplina, é construída. Não se aprende de um dia para outro. **E posso dizer com bastante tranquilidade que não nasci líder nem me tornei líder naturalmente.** Desde pequeno, sempre fui extremamente tímido. Fui o garoto meio nerd que demorou mais tempo que os outros para crescer – e quem já me viu ao vivo em alguma palestra ou evento sabe que eu nem cresci tanto assim. Eu tinha pânico de ser selecionado para responder perguntas da professora e até de levantar a mão para pedir para ir ao banheiro.

Por anos, qualquer conversa com mais de uma pessoa ao mesmo tempo me deixava vermelho que nem um pimentão. Aliás, esse foi meu apelido na escola por anos. Eu era tímido a tal ponto que, uma vez, por receio de levantar a mão em sala, na frente dos colegas de turma, e insistir com a professora que eu precisava ir ao banheiro, apesar de ela já ter negado meu pedido uma vez, acabei fazendo xixi na calça (por sorte ninguém notou).

Minha timidez me acompanhou pelo ensino fundamental, pelo ensino médio e até no Centro de Preparação de Oficiais da Reserva (CPOR-SP), quando me juntei ao Exército Brasileiro – felizmente, com efeitos menos vexatórios. Ainda assim, acho importante falar dela e do que ela já me causou, porque foi essa timidez que me fez perceber que **eu precisaria de muito preparo para chegar às alturas que almejava**.

Todos querem se tornar profissionais admirados, ser referência, muito bem pagos pelo mercado, mas nem todo mundo está disposto a encarar o nível de dedicação necessário para alcançar essa posição. Eu me lembro sempre de uma frase do ex-velocista jamaicano Usain Bolt quando penso nesse assunto: "Treinei quatro anos para correr nove segundos. Tem gente que não vê resultados em dois meses e desiste". Na época da timidez, eu ainda era só um garoto pobre da periferia de Carapicuíba, em São Paulo, e tive que me concentrar nas chances de crescer que se apresentavam.

ATITUDE: O GRANDE DIFERENCIAL

Chamo isto de **atitude: é quando sua vontade de se preparar é infinitamente superior à sua vontade de "chegar lá".** Todos têm vontade de "chegar lá", de alcançar sucesso, riqueza, projeção, de vencer. Todos querem ser o Usain Bolt. Mas quantos teriam a atitude necessária para enfrentar os desafios que aparecem nesse trajeto?

Investi dinheiro, tempo e muito esforço em cursos, oportunidades e desafios que poderiam me tornar melhor em me comunicar com os outros. Foram anos de falas em público, condução de reuniões, liderança de Times e cursos de teatro para executivos antes de conseguir me sentir confortável em frente a um grupo maior de pessoas. Com o tempo, aprendi a superar meus limites, mas isso exigiu compromisso com a autodisciplina e preparo, e não aconteceu da noite para o dia.

Na época de perrengue financeiro, eu tinha de ter muita criatividade e resiliência. Ainda me lembro de quando fui proibido de entrar em uma "primeira aula grátis" de um curso de "como falar em público" ministrado por um famoso professor de oratória quando eu tinha 20 e poucos anos. O motivo? Já era a terceira vez que eu ia só à primeira aula do curso para aprender mais.

Hoje posso dizer que graças à minha timidez, que era um de meus desafios, desenvolvi a habilidade de prestar mais atenção às outras pessoas e ao que elas sentem e expressam. A partir de meu esforço, transformei um obstáculo em uma de minhas principais qualidades. Essa habilidade permitiu que eu vivesse muitas das situações que narro nos próximos capítulos e foi uma das grandes raízes para minha liderança. Mesmo os limites e desafios podem o engrandecer se você se permitir aprender com eles.

Vencer a timidez e transformá-la em um ativo foi o que me permitiu, nos últimos anos, falar em eventos para milhares de pessoas e, ao mesmo tempo, criar conexão genuína com meu público. **Minha filosofia é: faça que as pessoas riam, chorem e aprendam sempre que você sobe e desce do palco.** Hoje não só faço palestras como também adoro conversar com as pessoas que me procuram depois de minha fala para me contar mais da própria história e dos desafios que vivem. Ter a habilidade e a confiança para fazer isso jamais seria possível se aquele Paulo tímido não tivesse investido anos em se preparar melhor.

Então, escrevo este livro porque liderar não é algo fácil – mas pode ser aprendido. Tive de enfrentar diferentes situações para encontrar as habilidades que, hoje, considero fontes de minha liderança. Escrevo este livro também porque quero deixar claro que mesmo os desafios que enfrentamos ao cultivar a liderança

LIDERAR NÃO É ALGO FÁCIL – MAS PODE SER APRENDIDO.

podem virar força. Liderar é, sim, difícil. Mas também é algo que, com dedicação e esforço, pode ser aprendido e melhorado a cada dia. Na Grécia Antiga, acredita-se que Aristóteles tenha dito: "Somos o que repetidamente fazemos. A excelência, portanto, não é uma virtude, mas um hábito". A liderança também.

Quando terminarmos esta jornada, você terá adquirido conhecimento necessário para experienciar um mantra que sempre acompanha minha jornada:

SEJA O LÍDER QUE VOCÊ GOSTARIA DE TER COMO CHEFE!

"SOMOS O QUE REPETIDAMENTE FAZEMOS. A EXCELÊNCIA, PORTANTO, NÃO É UMA VIRTUDE, E SIM UM HÁBITO." A LIDERANÇA TAMBÉM.

SEJA O LÍDER QUE VOCÊ GOSTARIA DE TER COMO CHEFE
@OIPAULOCAMARGO

01.
Liderança: hábito ou dom?

O grande problema que identifico quando vejo pessoas tentando desenvolver as próprias habilidades de liderança é que elas tentam manifestar uma quantidade sobre-humana de características. Querem ser criativas, mas realistas; espontâneas, mas ter tudo planejado; abertas, mas respeitando a hierarquia; comunicativas, mas introspectivas; disruptivas, mas não muito; ótimas ouvintes, mas ainda melhores comunicadoras; excelentes em executar tarefas, mas ótimas em delegar... São contradições demais para coexistir dentro de uma pessoa só.

O motivo pelo qual líderes existem é porque é impossível realizar algumas tarefas sem ajuda. Se você tivesse mesmo que se tornar um super-herói para ser um bom líder, qual seria o propósito de recrutar uma Equipe? Você bateria todas as metas por conta própria, vestiria sua fantasia de homem-morcego e voltaria rapidamente a combater o crime em Gotham City.

Liderar tanto é uma tarefa de Equipe que você só se torna líder depois de conseguir seu primeiro liderado! Até lá, você é só mais uma pessoa com desejos, metas e ideias. E é por isto que **liderança é tão difícil: porque é o tipo de habilidade que você só consegue desenvolver com ajuda dos outros**, e pessoas em posições de gestão – normalmente – odeiam pedir ajuda.

O LÍDER E AS VULNERABILIDADES

Mostrar qualquer tipo de vulnerabilidade é visto como fraqueza e rechaçado. O "certo" é que você, por conta própria, tenha todas as respostas e saiba sempre o melhor caminho. Se não souber, demitem você e colocam outro líder melhor em seu lugar. Não é bem assim, mas essa ainda é a forma como muitos enxergam o ato de liderar.

"Ou você tem a faísca da liderança, ou não tem." "Se você fosse um bom líder de verdade, não teria cometido esse erro." "Se você fosse a pessoa adequada para liderar esse Time, saberia essa resposta." "Um dos Colaboradores soube uma resposta que você não sabia? Ih… cheira a falta de preparo do chefe."

Se esses são pensamentos que você já teve, falas que você já escutou ou inseguranças que você sente, não se preocupe. A culpa não é sua, e você ainda tem a possibilidade de se tornar um líder verdadeiro e admirado. **Esses vícios são aprendidos e infelizmente ainda fazem parte da cultura de gestão na qual vivemos hoje** – dentro das empresas e fora delas.

Eu me lembro de quando me tornei gerente de TI na divisão de restaurantes da PepsiCo. Foi **o momento de minha carreira em que finalmente entendi o que era uma *enterprise*.** Até então, todos os meus cargos tinham sido bastante setorizados – em operações, eu só lidava com operações; em marketing, só com marketing; em expansão, só com expansão; em treinamento, só com treinamento. Eu não sabia detalhes dos KPIs das outras áreas. É claro que eu interagia com outros setores da empresa em reuniões, mas no dia a dia as tarefas que tinha de executar e coordenar eram sempre relacionadas a meu departamento. Eu ficava em "meu quadrado". Já em TI foi diferente.

Eu gerenciava um Time que passava todos os dias "apagando incêndios" e promovendo melhorias em outras áreas da empresa. Foi exatamente **quando fui para TI que enfim entendi a cadeia de valor de Michael Porter**, com as atividades primárias e as atividades de apoio. Isso porque, em TI, a maior parte das demandas exige entender em detalhes os processos de diferentes áreas da empresa e como elas complementam outras áreas, para que seja possível otimizá-los. Além disso, é importante entender a relação entre os processos dos diferentes setores, para não prejudicar uma Equipe ao tentar facilitar o trabalho de outra. Assim, para além de indicadores próprios, passei a ter influência nos KPIs de todas as áreas que atendíamos.

CHEFE SUPERPODEROSO, O MICROGERENCIADOR

Era uma época em que eu ainda queria ser o chefe superpoderoso e por esse motivo achava que seria mais do que capaz de microgerenciar tudo que acontecia em minha Equipe. Era meu trabalho alocar as tarefas, fiscalizar que seriam bem cumpridas e garantir que tudo estaria atualizado e pronto caso o Time tivesse que solucionar algum contratempo. E eu fazia isso como um falcão: de olho em tudo que cada Colaborador fazia, nos mínimos detalhes. Até que, um dia, tivemos um problema.

Poucos meses depois que assumi o cargo, aconteceu um bug no sistema que apagou todos os dados das folhas de pagamento do servidor. **Sem o receio de revelar minha idade, digo que naquela época o backup dos arquivos ainda era em fitas de áudio, as DATs (Digital Audio Tape).** Tínhamos duas fitas de backup salvas e, na mesma hora que detectamos o bug e vimos que os arquivos tinham sido corrompidos, pegamos a primeira fita. Inserimos a fita no servidor e... nada.

Liderança: hábito ou dom? **25**

VOCÊ SÓ SE TORNA LÍDER DEPOIS DE CONSEGUIR SEU PRIMEIRO LIDERADO!

SEJA O LÍDER QUE VOCÊ
GOSTARIA DE TER COMO CHEFE
@OIPAULOCAMARGO

Sem problemas. Era por isso que fazíamos o backup do backup. Pegamos a segunda fita no outro endereço, onde ela ficava armazenada por segurança, voltamos à central, inserimos no computador e... nada. **Perdemos os dados da folha de pagamento, o backup com os dados da folha de pagamento e o backup do backup que também continha os dados da folha de pagamento.** Imagine qual xingamento você diria bem alto se essa confusão acontecesse com você. Talvez tenha sido o mesmo que escolhi naquele dia.

Tivemos que acionar os Times responsáveis e gastar algumas noites refazendo tudo que havia sido perdido – do zero. Eu me lembro dos pensamentos que tive naquela época. Eu me dizia como deveria ter feito uma avaliação melhor dos ativos digitais e garantido que tudo estava funcionando. Como deveria ter fiscalizado ainda mais todos os detalhes de atuação do Time. Passei parte dos dias seguintes a essa falha pensando em como as pessoas que haviam me escolhido para o cargo de gerente alguns meses antes deveriam estar arrependidas. **Eu me cobrava por não ter feito um trabalho melhor.**

É claro que até hoje não nego que poderia e deveria ter feito melhor na época. Depois, como iniciativa para compensar o trabalho extra que todos tivemos, meu Time e eu aprimoramos os processos de lançamento dos dados da folha de pagamento e reduzimos 66% da carga horária de trabalho para que isso fosse feito. Ainda assim, pensando em meu deslize anterior, há um fato que deve ser considerado: **é difícil ser o melhor em seu trabalho de líder se você está gastando toda sua energia para microgerenciar o trabalho de seu Time**, como eu estava. E o grande problema do líder super-herói que estamos criticando é que, além de não existir, ele é obrigado a microgerenciar.

Ora, **se você é sempre a pessoa mais preparada para realizar qualquer trabalho que surja à sua frente, por que você não deveria fazê-lo?** Como super-herói, você realmente vai deixar uma pessoa não super-heroína assumir uma responsabilidade tão crítica para o sucesso de sua Equipe? E isso sem pelo menos duas (ou quarenta) revisões? Jamais.

Se somos "super-heróis", somos forçados a proteger os colegas "civis" inclusive da própria incapacidade, e é aí que mora a ladeira escorregadia do líder que tenta saber tudo. Guarde estas palavras: **seu trabalho não é ser mais qualificado que as pessoas de seu Time em tudo! Você tem uma Equipe por um motivo, e esse motivo é ser complementado por pessoas mais qualificadas do que você em determinadas tarefas.**

Steve Jobs, o fundador e ex-CEO da Apple, presença obrigatória em qualquer livro de liderança do século XXI, tem a seguinte frase creditada a ele: **"Não faz sentido contratar pessoas inteligentes e então dizer a elas o que devem fazer. Nós contratamos pessoas inteligentes para que elas nos digam o que fazer".**

Eu me lembro de quando me perguntavam qual era a tarefa que mais ocupava meu tempo como CEO (presidente) do McDonald's no Brasil. Minha resposta era sempre a mesma: **"O que mais ocupa meu tempo é tentar garantir o alinhamento entre os valores dos 60 mil Colaboradores e os valores da empresa".** E isso é uma antítese ao microgerenciamento, porque uma vez que as pessoas sob sua gestão compartilham da visão, dos valores e da estratégia de sua empresa, seu papel como líder se torna permitir que elas trabalhem desimpedidas e tenham oportunidades para crescer. **E acredite em mim: pessoas alinhadas com a organização sempre vão surpreender – de maneira positiva.**

Ainda assim, não podemos parar de dissecar os problemas da liderança moderna. O microgerenciamento é, no máximo, um sintoma – e não é o único. Outro problema imenso a ser enfrentado é a ideia de que o líder necessariamente precisa ser melhor do que os Colaboradores que ele comanda na função que eles executam, ou de que um Colaborador bom em alguma função necessariamente se tornará um bom líder.

Simon Sinek, autor best-seller global e palestrante de liderança corporativa, faz uma reflexão provocante sobre isso: imagine que você realiza um trabalho para uma empresa. Com tempo e dedicação, você se torna muito bom nesse trabalho e é promovido. Em dado momento, você é promovido para uma posição em que é esperado que você lidere outras pessoas que fazem seu antigo trabalho. É aí que mora o problema: **liderar as pessoas que fazem determinada tarefa é muito diferente de fazer a tarefa**. E de repente você, que era o Colaborador estrelinha, se torna um gestor medíocre.

Bons executores não necessariamente serão bons líderes. Uma coisa que vários gestores morrem de medo de admitir é que o líder de um Time nem sempre é quem melhor conhece ou melhor executa a atividade pela qual aquele Time é responsável.

Isso me lembra uma conversa que tive com meu amigo João Branco, o melhor e mais completo "marketeiro" que já conheci. O João foi head de Marketing na Arcos Dourados na época em que eu era CEO e foi meu principal parceiro na transformação do McDonald's em Méqui. **Tive o prazer de "descobrir" o João Branco. Ele já era um talento, mas pude contribuir no desbloqueio do máximo potencial dele.** Aliás, eu o promovi duas vezes, até que chegasse ao cargo mais alto de marketing do McDonald's no Brasil. Nessa conversa, eu perguntei ao João o que havia mudado

Liderança: hábito ou dom? **29**

na trajetória profissional dele, pelas diferentes empresas, desde analista, gerente e diretor até vice-presidente.

"Chefe, percebi que ninguém esperava que eu fosse o supermarqueteiro. Nenhum de meus liderados queria que eu fosse o melhor em marketing, em *branding*, em qualquer de nossas atividades. **O que eles queriam é que eu ouvisse o que eles tinham a propor e desse oportunidades para que eles próprios se tornassem melhores nessas atividades.**" Essa fala do João representa bem o que estamos discutindo: se você foi erguido à posição de líder, pare de se esforçar para ser o melhor executante e comece a se esforçar para ser um melhor gestor de pessoas. Seu trabalho não é ter todas as respostas, e sim guiar um Time de pessoas com amplo conhecimento técnico para que elas descubram uma resposta alinhada com as metas da organização.

Quer mais uma prova de que não é esperado nem desejável que você tenha todo o conhecimento do mundo como líder? **Você se lembra da última vez que conheceu um "chefe sabe-tudo"?** Um daqueles gestores que "já entendeu" o que você tem a dizer depois de dois segundos de reunião ou que não pode ver um tema diferente sendo apresentado por alguém que liga o modo palestrinha e começa a explicar? Deixe-me adivinhar: esse chefe era um "mala" – ou talvez o bagageiro todo –, certo?

Chefes sabe-tudo irritam porque a função dos chefes (e dos líderes, que são mais que chefes) não é saber tudo. A função de um gestor é receber e ponderar informações produzidas e coletadas pelos subordinados. Se ele sempre sabe tudo, não apenas está impedindo que a empresa avance e podando novos insights e conhecimentos que o Time poderia trazer, como também está gastando energia à toa com atividades que não contribuem para o papel que desempenha.

LÍDERES LIDAM COM PESSOAS. PESSOAS MUDAM O TEMPO TODO. SE VOCÊ "SABE TUDO", VOCÊ NÃO ESTÁ ABERTO ÀS MUDANÇAS QUE ACONTECEM A SEU REDOR; LOGO, ESTÁ ULTRAPASSADO PARA A FUNÇÃO.

E isso é tão contraproducente que esse chefe nem mesmo se dá espaço para aprender com os outros, melhorar e se tornar mais completo.

NINGUÉM É INFALÍVEL

Ao falarmos de problemas da liderança contemporânea, não podemos deixar de fora a impossibilidade de falhar dos líderes. Quero dizer, a suposta impossibilidade de falhar. **Os modelos de liderança prevalentes no último século e que perduram até hoje pregam a construção de um líder que não erra.** Uma pessoa que é a representação de tudo aquilo que um Colaborador deve ser: extremamente eficiente e ultraprofissional em todos os momentos, separando de forma clara o que é pessoal e o que é profissional.

Para explicar por que ser infalível é incompatível com o mundo de hoje, quero apenas deixar claro que separar o que é pessoal do que é profissional é algo positivo, desde que você faça isso da maneira certa. A forma correta é reconhecer que **é impossível separar plenamente o pessoal e o profissional, seja para você, seja para sua Equipe**, sem renunciar à humanidade no ambiente de trabalho.

Voltemos à imagem do líder impassível, que não erra. Um ser invulnerável, incapaz de falhar, claramente não é humano. E, não sendo humano, ele não gera conexões genuínas com a Equipe. Essa pessoa talvez consiga gerir um Time que dá resultados, mas

Liderança: hábito ou dom? **31**

UM SER INVULNERÁVEL, INCAPAZ DE FALHAR, CLARAMENTE NÃO É HUMANO. E, NÃO SENDO HUMANO, ELE NÃO GERA CONEXÕES GENUÍNAS COM A EQUIPE.

SEJA O LÍDER QUE VOCÊ GOSTARIA DE TER COMO CHEFE
@OIPAULOCAMARGO

dificilmente conseguirá nutrir os talentos desse grupo para que alcem voos maiores e alcancem o próprio potencial. E isso se deve a um motivo básico, mas inacessível a quem se comporta como comentamos: para cultivar pessoas, e principalmente para cultivar novos líderes, você precisa se conectar – de verdade – com as pessoas sob seu comando.

Os Times que você lidera podem ser uma fonte genuína de emoções positivas e negativas. Aceite-as. São elas que vão lhe permitir uma interação real e humana com sua Equipe, e você se tornará uma pessoa melhor por isso. Você se tornará um líder melhor por isso. E foi pensando em dar uma prévia dessa experiência que este livro foi escrito em torno de histórias e emoções reais.

02.
As raízes do problema

Talvez você seja, hoje, o chefe sabe-tudo. Talvez seja o chefe super-herói centralizador. Talvez seja o chefe com excelentes habilidades técnicas, mas que ainda não se sente seguro para gerir pessoas. Talvez, depois de nossa conversa no capítulo anterior, você esteja se perguntando como, apesar de todos os livros de liderança que leu e de todos os treinamentos dos quais participou, você acabou nessa posição.

Como eu disse, liderar não é fácil. É uma habilidade que exige que conquistemos novos desafios todos os dias e que nos força a lidar com situações para as quais não estamos preparados. Uma hora, todos cometemos erros. Em algum momento, um desses erros pode, por coincidência, resolver uma das situações que o afligem. Talvez você tenha centralizado tarefas e microgerenciado, por exemplo, e tenha dado certo. Ou talvez você algum dia tenha agido como um chefe sabe-tudo infalível e por algum motivo isso trouxe resultado.

É como chegar à resposta certa em uma prova de matemática, porém usando a fórmula errada. Você consegue os pontos, mas será que realmente aprendeu? Até um relógio parado marca a hora certa duas vezes ao dia. Isso só vira um problema quando um desses erros se torna seu padrão para enfrentar as questões que surgem em seu cotidiano.

Há várias razões pelas quais você pode ter buscado refúgio em um desses padrões de comportamento. É possível que as grandes referências em gestão que você teve até hoje tenham sido chefes centralizadores, sabe-tudo, super-heróis. É possível que você tenha se convencido, em algum momento de sua caminhada, de que **você precisa ser infalível**. Talvez você tenha sido colocado na posição de gestor cedo demais e teve de aprender o que funcionava na marra, sem qualquer mentor que pudesse indicar um caminho mais apropriado.

E por que os líderes fazem isso? Para sobreviver! Estão no automático. Estão na zona de conforto.

O MEDO QUE NOS ACOMPANHA

De qualquer forma, posso dizer com tranquilidade que **a razão mais comum pela qual já vi gestores manifestarem comportamentos incompatíveis com a boa liderança foi o medo**. Medo de falhar, medo de não ser respeitado pelos Colaboradores, medo de ser confrontado pela Equipe, **medo de não ser o bastante**... Todos esses medos são muito comuns entre pessoas em posições de gestão, mas também bastante perigosos para alguém que pretende liderar Times de alta performance.

Se algum deles o atormenta, talvez você se sinta, neste momento, angustiado. Faz sentido. Afinal, passamos as últimas páginas criticando esses padrões de comportamento e frisando como eles são nocivos à boa liderança.

Ainda assim, quero reconfortar você. **A liderança, enquanto habilidade a ser cultivada, apresenta desafios diários. Falhar em um ou alguns desses desafios não é incomum e acontece com todos. A marca de um grande líder é não se deixar definir por essas falhas, e sim se motivar a ter melhor desempenho.** O escritor estadunidense Mark Twain já dizia: "Coragem é a resistência ao medo, a maestria sobre o medo – e não a ausência do medo".[4]

Neste livro, compartilho com você alguns dos desafios que tive de enfrentar e como eles me moldaram. Compartilho momentos em que falhei e momentos em que tive êxito e relato tudo que aprendi com os Times que tive o prazer de liderar e com outros líderes que tive o prazer de conhecer. Minha expectativa, ao expor minha experiência, é deixar claro a você que a liderança não é uma habilidade linear, que pode ser desenvolvida simplesmente com cursos padronizados, exercícios fixos e repetição mecânica. A liderança é uma habilidade dinâmica, que vai exigir de você grande adaptabilidade, presença e, acima de tudo, humanidade. Seu estilo de liderança dependerá da situação, porque **a liderança é sempre situacional!**

Com as histórias do que vivi ao longo das últimas décadas, minha intenção é mostrar algumas das formas que a liderança pode tomar e alguns dos deslizes que cometi em busca desse aprendizado, para que você possa encontrar seu próprio caminho. Esse é um formato que foi validado em treinamentos, mentorias para executivos, palestras para milhares de profissionais e até mesmo em um curso para CEOs, no qual mais recentemente tive participação como professor pela escola de negócios StartSe.

Você será provocado a analisar sua liderança e os obstáculos que ela enfrenta de forma consciente para sair do automático. Para isso, você terá de se fazer perguntas difíceis, mudar comportamentos

---

4 TWAIN, M. **The tragedy of Pudd'nhead Wilson and the comedy those extraordinary twins**. Hartford: American Publishing Company, 1894. p. 155.

As raízes do problema

A LIDERANÇA É UMA HABILIDADE DINÂMICA, QUE VAI EXIGIR DE VOCÊ GRANDE ADAPTABILIDADE, PRESENÇA E, ACIMA DE TUDO, HUMANIDADE.

SEJA O LÍDER QUE VOCÊ GOSTARIA DE TER COMO CHEFE
@OIPAULOCAMARGO

e liderar a si próprio antes de conseguir liderar outras pessoas. Se você está disposto a aceitar esse desafio, sigamos juntos para os próximos capítulos, nos quais você verá casos e experiências reais de quem participou e fez acontecer.

03.
Liderança tridimensional

Se você se identificou com um ou mais dos problemas da liderança que abordei nos capítulos anteriores, não se preocupe. Eu e todos os líderes que conheço nos identificamos com pelo menos um – e normalmente mais de um – desses obstáculos. Cultivar a habilidade de liderar, e não só de gerir Equipes, exige encarar cada um deles.

Foi enfrentando esses desafios e saindo por cima que pude **quadruplicar o faturamento da Iron Mountain em meus primeiros quatro anos na empresa**. E foi fazendo isso também que liderei a transformação do McDonald's no Brasil, o que contribuiu para a melhora de 400 Basis Points (bps) de lucratividade (EBITDA = lucro antes de juros, impostos, depreciação e amortização), com 80% de aumento no faturamento anual, 300% da valorização da companhia; o status de marca favorita; e ganhos expressivos de *market share*. E, ainda, que aumentamos em praticamente 40% o EBITDA da Espaçolaser em meu primeiro ano completo de gestão. Ou mais: que liderei a ZAMP para a incorporação bem-sucedida das marcas Starbucks e Subway no Brasil, atingindo um total de quase 3 mil unidades e um mercado endereçável 2,6 vezes maior, de 52 bilhões de reais, com retomada de ganhos de *market share* nas marcas BK e Popeyes.

São fatos e números impressionantes, não é? Mas o segredo é que eles, no final das contas, serão esquecidos. **As pessoas se esquecerão de seus números, mas elas se lembrarão do "como": como** você uniu a Equipe, como articulou os processos necessários para esses resultados, como você fez as pessoas acreditarem em sua liderança, em sua visão e em seu sonho.

Este capítulo é exatamente para dar uma prévia de como fiz isso. Pretendo entregar uma nova definição do que é liderança, expandindo seus horizontes para que você, em seu tempo, encontre sua própria definição. **Meu propósito como líder é desenvolver as pessoas a meu redor para que elas alcem voos ainda mais altos que os meus**, motivo pelo qual compartilharei em detalhes minha jornada. Se possível, peço que você também compartilhe comigo os passos que der em sua liderança. Me mande um "oi" nas redes sociais! Meu perfil é @oipaulocamargo nas diversas mídias: Instagram, LinkedIn, Twitter, Threads, YouTube, TikTok e Facebook.

Acesse aqui meu perfil no Instagram

A partir desta parte de nossa jornada, cada capítulo terá como foco uma das características mais importantes para um líder, que aprendi e compartilho com mentorados, executivos e CEOs que treino, bem como líderes de diferentes níveis sob minha gestão, com exemplos reais de como busco praticar cada uma delas. Não interessa qual é seu setor, seu faturamento, nem se você lidera dez, cem ou 100 mil pessoas: as habilidades que trago aqui me ajudaram em todos os cargos que já ocupei.

Como você já deve ter percebido, **antes de falar o que entendo como liderança, optei por contar o que não é liderança**. Egocentrismo, microgerenciamento, infalibilidade, "saber tudo"... É como se eu tivesse desenhado um ovo em uma folha branca ao colorir de outra cor tudo o que não é o ovo. Entendeu? Se não, leia de novo.

AS TRÊS DIMENSÕES DA LIDERANÇA

Agora, quero desenhar o contorno do ovo em si. Há muitas coisas que integram a liderança, mas que não devem ser confundidas com ela. **A liderança, como a conheço, é tridimensional.** Por isso, escolhi os três eixos principais para trabalharmos neste livro: **gestão, autoliderança e liderança.** Nunca conheci um grande líder que não dominasse esses três eixos e acredito que a liderança só existe quando os três estão presentes.

Gestão

A gestão é a parte que todos percebem quando pensam em um líder. Uma pessoa em posição de liderar outras pessoas precisa ter capacidade técnica e executiva para delegar tarefas com assertividade, definir e acompanhar metas, solucionar conflitos e cultivar talentos. **Ela precisa ver a floresta, mas também saber quais árvores cortar.** Todos esses pontos configuram "gestão".

O líder precisa ter uma visão holística da estratégia e da complexidade de uma organização e dos objetivos dela. Deve ter também capacidade de síntese, para explicar de forma simplificada onde a Equipe deve focar a energia a fim de entregar o resultado do mês, a meta do dia, da hora, do minuto.

Liderar nunca é uma tarefa estática. Ser líder requer movimento. Um líder sempre orienta pessoas em direção a algum objetivo. Gestão é a capacidade que o líder tem de decidir que objetivo é esse e como alcançá-lo. **De acordo com alguns livros clássicos de administração, gerir é PDCA:** *Plan, Do, Check* e *Act* (planejar, fazer, validar e agir). **Planejar** consiste em identificar o problema e projetar a maneira de atacá-lo. **Fazer** é a forma como isso será colocado em prática. **Validar** significa se assegurar de que as ações que você tomou

Liderança tridimensional **43**

estejam atingindo os resultados esperados. **Agir** pode ser consolidar os processos (se tudo está conforme os planos) ou mudar o curso de ação (caso as coisas não estejam acontecendo conforme o planejado).

Baseado no modelo PDCA de Shewhart, popularizado por W. Edwards Deming.

Um dos grandes erros que vejo gestores aspirantes a líderes cometerem é agir como se existisse "liderança parada". Como se ser "líder" fosse um status que não requer complemento ou direção. **Essas pessoas não definem objetivos claros para o Time nem destrincham esses objetivos em metas.** Ou então, mesmo quando definem metas e objetivos, optam por fazê-lo só porque os outros setores definiram ou receberam esse comando do alto escalão. Os objetivos e as metas se tornam referências, mas só de fachada. Falta aos liderados, nesse caso, senso de movimento. O trabalho passa a ser visto por eles como algo que apenas existe, sem um efeito concreto – e isso drena a motivação e a capacidade da Equipe de entregar resultados melhores.

Há várias referências que podemos buscar para entender o que é a liderança, e muitas de minhas favoritas estão contempladas neste livro. Uma delas, da qual gosto muito, é a definição do professor britânico Julian Birkinshaw no livro *Liderança empática*, no qual diz que aquele que busca a boa gestão deve atentar para três princípios: 1) saber abrir mão de tarefas e delegar atividades e poderes, compartilhando informações e permitindo que os Colaboradores cometam erros; 2) dar crédito a outras pessoas, reconhecendo conquistas e buscando formas de enriquecer o próprio trabalho; e 3) fazer as escolhas certas entre as alternativas disponíveis.[5]

O principal aprendizado é que **o segredo para uma boa gestão é sair do caminho e permitir que seus liderados tenham as ferramentas e as oportunidades necessárias para que tenham melhor desempenho e se destaquem.** Isso porque um bom gestor sabe que um **liderado que se destaca não ocupa o lugar dele, mas o faz um líder mais forte e completo.**

Autoliderança

Se conhecer de verdade para tornar possível conhecer de verdade também o próprio Time. Quando falamos de autoliderança, estamos falando, antes de tudo, de sermos autênticos. Isso significa conhecer profundamente a si mesmo para então liderar os outros. A autoliderança é o eixo que conecta quem você é com o que você

---

5 BIRKINSHAW, J. **Liderança empática**: líderes e liderados do mesmo lado: o do sucesso!. Barueri: Figurati, 2015.

faz como líder. Sem ela, você pode até alcançar resultados, mas não conseguirá sustentá-los nem criar conexões genuínas com seu Time.

Um líder que domina a autoliderança reconhece suas próprias limitações e fortalezas. Ele entende que não precisa ser perfeito em tudo, mas deve ser verdadeiro em suas interações. Cada um de seus Colaboradores é um universo particular, e cabe a você, que aspira a se tornar um líder melhor, desbravá-los. É o antigo desafio da Esfinge: "decifra-me ou devoro-te", ainda que menos ameaçador. "Decifra-me ou perca meu talento" talvez seja mais apropriado para esta situação.

A autoliderança exige vulnerabilidade e coragem para mostrar quem você realmente é. Isso cria um espaço que permite aos Colaboradores também serem versões mais verdadeiras e completas de si mesmos – enriquecendo as interações e o ambiente de trabalho.

Quando você se apresenta de maneira autêntica, sem máscaras de infalibilidade, você convida os outros a fazerem o mesmo, **criando um ambiente de confiança mútua onde o potencial de todos pode florescer.**

Funcionários em uma mesma função, em um mesmo setor, sujeitos às mesmas metas, vão se comportar e render de maneiras diferentes. **Eles terão necessidades de explicações e *timings* diferentes para compreender a visão da empresa**, e é sua função entender como ajudar cada um deles. Há um ditado russo que compreende bem esse jogo de cintura: "A mesma água que endurece o ovo amolece a batata".

Esqueça as definições que você ouviu de empatia

A autoliderança também significa desenvolver empatia genuína. Não aquela empatia superficial e clichê de "se colocar no lugar do outro", mas **a capacidade de ver o outro como uma pessoa completa**, com valores, aprendizados e objetivos próprios. Você não precisa se imaginar vivendo a vida de outra pessoa para ter empatia; **só precisa prestar atenção genuína** quando alguém falar com você.

Empatia é ver o outro como uma pessoa única, não como mais um figurante no filme de sua vida. Essa pessoa importa, tem valores, aprendizados e objetivos próprios, e todos eles são válidos. Se essa pessoa é de seu Time, todos esses pontos devem importar para você também. São eles que tornam essa pessoa única e dão um caminho para entender os potenciais e as limitações dela.

Em minha trajetória como CEO de grandes empresas, percebi que a autoliderança foi fundamental para superar desafios. Quando enfrentei situações difíceis, como a transformação do McDonald's em Méqui ou em reestruturações, foi minha capacidade de reconhecer minhas próprias limitações e buscar complementá-las com as forças do meu Time que permitiu alcançarmos resultados extraordinários. **A autoliderança me ensinou que um líder não precisa ter todas as respostas, mas deve criar um ambiente onde as melhores ideias possam emergir.**

Um líder exclusivamente focado em gestão e que não se preocupa com autoliderança será rapidamente esquecido, porque não terá nenhuma conexão verdadeira com o Time. E é só quando se tem a junção de conexão verdadeira e resultado que você é capaz de criar propósito genuíno e inspirar as pessoas.

A VIDA JÁ É DIFÍCIL DEMAIS SEM TERMOS QUE LIDAR COM UM CHEFE CRUEL. SEJA RESPEITOSO E GENTIL, TORNE MELHORES OS LOCAIS EM QUE VOCÊ ATUA E VOCÊ VERÁ COMO ISSO LEVA SUA LIDERANÇA PARA UM NÍVEL AINDA MELHOR.

Liderança

Se você unir gestão e autoliderança já terá um combo poderoso: pessoas que sabem em que direção devem seguir e que recebem o tipo correto de encorajamento para que possam segui-la. "Liderança" em si entra aqui como "o porquê", o motivo de seguir nessa direção.

Por muito tempo, principalmente no mundo corporativo, a visão prevalente foi a de que dinheiro é mais do que suficiente para motivar os Colaboradores de uma empresa. Quer que seu Time seja mais dedicado? Ofereça ferramentas adequadas, treinamento, bônus, participação nos lucros e resultados (PLR), mérito, promoções... Quer que alguém seja muito mais dedicado e engajado com o longo prazo? Ofereça condições de *vesting*[6] ou a compra direta de ações da empresa. Estes são exemplos de ferramentas que podem contribuir para aumentar o engajamento e o comprometimento do Time com o negócio.

No entanto, hoje temos a certeza de que isso não basta para motivar as novas gerações que adentraram o mercado de trabalho. **O motivo pelo qual sua Equipe faz o que faz é tão importante quanto o que sua Equipe faz e quão bem ela faz.** Ou seja, as intenções importam; e muito. "Liderança em si" é o que pensamos quando mentalizamos um líder: alguém que cativa, que inspira. **O que torna esse líder inspirador é a capacidade de criar significado e propósito.**

Quer ser um bom líder? Dê a seu Time um propósito comum

Isso, é claro, não é fácil. Dar propósito a alguém requer altíssima perícia em gestão e muita empatia para entender quem a pessoa é

---

6 Contrato por meio do qual uma pessoa recebe quotas ou ações da empresa em troca de metas atingidas.

Seja o líder que você gostaria de ter como chefe

e o que é importante para ela. Pensando assim, faz sentido colocarmos "liderança" em si como a última das categorias, certo? **Liderar é criar significado e inspirar as pessoas a serem versões melhores de si próprias**, e isso só é possível quando você domina tanto gestão quanto autoliderança na condução de seus negócios.

Um líder exclusivamente focado em autoliderança e com pouco foco para gestão será incapaz de gerar significado porque só será capaz de fazer promessas vazias. Não adianta entender as próprias limitações e criar um ambiente acolhedor se você não consegue gerar resultados. Já um líder que só tem olhos para a gestão e que não se preocupa com autoliderança será rapidamente esquecido, porque não terá nenhum vínculo autêntico com o Time. E é só quando se tem a junção de conexão verdadeira e resultado que você é capaz de criar propósito genuíno e inspirar as pessoas.

Quando você for capaz de dar a seu Time um significado, sua liderança atingirá um novo nível. Ter um significado abre para as pessoas um novo rol de incentivos para ter bom desempenho no trabalho – e são motivos mais constantes e mais marcantes do que dinheiro. Uma pessoa que está em sua Equipe por dinheiro provavelmente só trabalhará melhor mediante a oferta de mais dinheiro. Se ela receber um convite de um concorrente disposto a pagar mais, abandonará seu Time – e não estará errada.

Por outro lado, uma pessoa que está com sua Equipe porque vocês vão "revolucionar o que é um telefone", como Steve Jobs e a Apple fizeram com o iPhone, dificilmente abandonaria o projeto apenas por mais dinheiro. É mais provável que essa pessoa estaria disposta a melhorar o próprio desempenho, mesmo diante da oferta de mais compensação financeira, desde que ela pudesse contribuir para esse propósito.

Liderança tridimensional **49**

Mexendo com o Time

Talvez você esteja se perguntando se apenas propósitos hercúleos, como reinventar algo ou revolucionar algum setor, seriam dignos desse tipo de impacto. A resposta é "não". **Se sua Equipe pode melhorar a vida de algum grupo de pessoas, qualquer que seja, deixe isso claro para seu Time.** O trabalho que vocês realizam tem impactos reais, ainda que em pequena escala, e tornam o mundo um lugar um pouco melhor para alguém. Caso isso não seja possível por meio de visão de seu produto, crie iniciativas auxiliares dentro de sua empresa. Projetos sociais patrocinados, causas abraçadas, eventos... tudo que possa mostrar para seu Time que o trabalho desempenhado não se extingue assim que o produto ou serviço é entregue e que ele de fato muda a vida das pessoas.

"Mas, Paulo, nem todos os trabalhos são tão nobres!" Mentira! **Todos os trabalhos são nobres, pois são importantes para alguém, já que melhoram a vida de alguém.** Eu melhorava a vida de alguém quando fazia a faxina na assistência técnica de meu pai, o Seu Pedro, quando comecei minha vida profissional. Melhorava a vida das pessoas quando vendia serviços de segurança de informação na Iron Mountain. Melhorava a vida das pessoas quando vendia batatinhas no McDonald's, no Subway, no BK, no Popeyes, no KFC e na Pizza Hut (estas duas últimas no período em que estive na Pepsico Restaurantes). Melhorava a vida das pessoas vendendo cafés no Starbucks. Melhorava a vida das pessoas vendendo procedimentos estéticos na Espaçolaser. E um de meus grandes desafios como CEO nessas empresas sempre foi garantir que meu Time se sentisse assim também. Seu Time nunca vai transmitir a seu Cliente algo que ele próprio não sente!

Quando juntamos esses três eixos – gestão, humanidade e significado –, chegamos mais perto de novas definições de liderança.

E digo "novas definições" porque liderança tem várias facetas válidas que agregam à definição do que ela é e pode ser.

Liderar é administrar insatisfações de seu Time enquanto o direciona a um objetivo comum. É gerir uma Equipe de modo que cada pessoa alcance o máximo potencial. É articular um grupo em torno de um propósito. **Liderar é se permitir ser complementado por outras pessoas na busca de um resultado impossível de ser obtido sozinho.** O líder é em parte gestor, em parte mentor, em parte exemplo para o Time.

Nos próximos capítulos, vamos explorar como construir essas três dimensões. Ao final do livro, vou propor a você formas de se colocar à prova para seus liderados. Meu objetivo com isso é encurtar sua jornada e permitir que você vivencie um curso prático intensivo de liderança ministrado por seu próprio Time.

04.
Não seja complacente

O primeiro ponto do tripé que vamos explorar é a gestão. Apesar de não ser liderança se você só gere seus Colaboradores e se esquece da humanidade e do significado, é incontestável: **não existe liderança sem gestão.** E falar de gestão é falar de processos, visando melhores resultados.

Um líder não pode ser complacente com a baixa performance. O grande poder de um líder é canalizar vontades, talentos e ritmos diferentes em direção à conquista de objetivos em comum. Para que isso aconteça, você precisa desenhar metas claras e ser capaz de diagnosticar quais partes da Equipe estão contribuindo e quais partes estão na contramão do trabalho. Quando você descobre quais pessoas estão atrapalhando o desempenho do Time, é seu papel cobrar, desafiar e, infelizmente quando necessário, desligar.

É muito importante que o líder gestor não se esqueça de que ele trabalha com pessoas, e não com números, e que agir de maneira humana e respeitosa é essencial. Ainda assim, ser um líder humano não significa, de forma alguma, ser um "líder bonzinho": alguém que não ministra punições, que não exige disciplina, que não dá os sermões necessários, que não demite quando esse se mostra o melhor caminho. Ser um líder humano é ter a disciplina de saber cobrar tanto quanto de saber cuidar. Ser um "líder bonzinho" é abandonar a gestão e condenar a Equipe ao fracasso no longo prazo.

SER UM LÍDER HUMANO É TER A DISCIPLINA DE SABER COBRAR TANTO QUANTO DE SABER CUIDAR.

SEJA O LÍDER QUE VOCÊ GOSTARIA DE TER COMO CHEFE
@OIPAULOCAMARGO

LÍDER BONZINHO, NÃO!

O líder bonzinho abre mão de importantes ferramentas que um líder deve manusear para obter resultados. Punir e demitir não são só poderes ou fardos, são também decisões estratégicas para o Time.

Um médico pode dar o melhor em uma cirurgia para tentar curar um membro do paciente. Ainda assim, ele sabe que, se o membro necrosar, o melhor caminho para salvar o paciente é a amputação. Seu Time é seu paciente. Você pode se esforçar ao máximo para dar oportunidades aos membros do Time, treiná-los para realizar todas as atividades que você espera deles, dar as ferramentas necessárias e diversas chances para que um Colaborador prove que merece ficar, mas, se ele não pode entregar o que se espera dele, deve ser removido. Pelo bem da Equipe e pelo bem do próprio Colaborador.

Mesmo quando não é o caso de demissão, um líder não deve se esquecer de corrigir as pessoas quando uma punição se fizer necessária. Essa é uma das formas que um líder tem de deixar claro para o Time o nível de compromisso pessoal e profissional indispensável para que as metas combinadas sejam atingidas.

Não ser complacente com baixa performance é um dos requisitos mínimos para se tornar um bom gestor em qualquer posição, mas não pense que isso se refere só a seus subordinados. O único jeito de ser justo com as pessoas sob sua gestão é exigir de você mesmo uma entrega igual ou superior àquela que exige de seus Colaboradores. **O bom líder não é bonzinho nem carrasco: é justo.**

SEJA JUSTO

Uma das perguntas que mais recebo de profissionais que me procuram é: "Como equilibrar o chefe bonzinho com o chefe exigente?". Minha resposta sempre passa pela palavra "justiça". O que

sua Equipe espera é que você seja justo, equilibrando o lado inspirador do líder com a exigência do gestor. **E estou certo de que você também espera a mesma coisa de seu chefe, certo?** Ou seja, **nada de favoritismo entre os membros da Equipe**.

Aqueles que fazem bem o próprio trabalho merecem reconhecimento público, enquanto aqueles que – por alguma razão – não estão "entregando" aquilo que se espera merecem atenção especial. Entender o que se passa com aquele Colaborador (que pode estar enfrentando uma fase pessoal ruim), entender se ele tem o conhecimento, o treinamento, as ferramentas adequadas para cumprir aquela missão é o passo anterior a qualquer chamada de atenção ou adoção de outras medidas disciplinares.

Pensar na exigência de melhor performance me faz lembrar de quando me tornei CEO da Divisão Brasil da Arcos Dourados e tive minha primeira reunião com a Associação de Franqueados McDonald's. **Parecia que eles não gostavam mesmo de mim.** Os Franqueados estavam "P" da vida com a empresa, e eu percebia que isso se refletia no sentimento que eles direcionavam a mim.

Não que eu, como novo CEO, tivesse feito alguma coisa para merecer essa raiva, mas eu era a representação de uma empresa que não estava tendo bom desempenho à época. Estávamos perdendo *market share*, o que significa dizer que **a quantidade de Clientes estava diminuindo ano após ano**. Por consequência, as margens estavam ficando mais apertadas e o valor da empresa estava no ponto mais baixo desde o lançamento na bolsa de Nova York (NYSE). Eu era a nova face à frente desses resultados, e os Franqueados certamente não tinham muitas razões para gostar de mim.

Se olhares matassem, eu teria sido coroado como o novo Highlander ali mesmo, porque de alguma forma sobrevivi. Ouvi inúmeras críticas de Franqueados de todo o país, que estavam insatisfeitos com a empresa em diversos níveis. Como líder, era eu quem respondia pelo Time, então é claro que fui eu que ouvi todas as reclamações. Os Franqueados estavam incomodados com o fato de a empresa ir mal sem que eles percebessem esforços e, especialmente, identificassem estratégias para reverter o cenário. **Eles criticavam a baixa performance (e com razão).**

Em determinado momento, questionei a postura antagônica que eles tinham adotado comigo e com os diretores que me acompanhavam: "A gente vem aqui e vocês só nos dão porrada!" (eu estava exagerando, pois as conversas sempre foram no mais alto nível de respeito e profissionalismo, além de os Franqueados sempre contribuírem com sugestões e ideias). Foi aí que o presidente da Associação dos Franqueados à época me respondeu: "Paulo, não é nada pessoal. Essa é nossa função".

Era verdade, e hoje **sou muito grato por ter levado aquela "porrada"**. O sermão dos Franqueados, ainda que desconfortável, me acordou para o fato de que eu tinha assumido o comando de uma empresa que vinha perdendo performance e me deu a consciência do quão urgente era corrigirmos as estratégias e os processos internos.

Esse foi um dos três grandes fatores responsáveis por me incentivar na **renovação do McDonald's como marca e como cultura organizacional**.

OUÇA O QUE OS OUTROS TÊM A DIZER

Os outros grandes fatores descobrimos quando pedi um estudo de satisfação com Colaboradores e Clientes. Contratamos uma tradicional firma de pesquisas e pedimos uma análise completa do que as pessoas que importavam para nós pensavam do McDonald's.

Primeiro, recebemos os resultados da pesquisa feita com os 60 mil Colaboradores da empresa. **Tomamos "bomba".** O turnover e o absenteísmo estavam altíssimos, e acreditávamos que a pesquisa nos daria um caminho para entender o porquê. Estávamos certos: a pesquisa indicou que os **Colaboradores não tinham orgulho da marca.** Eles detestavam os uniformes e as regras de vestimenta, reclamavam de práticas tóxicas de liderança nos restaurantes e questionavam o modelo de gestão centralizado da empresa, com pouca autonomia.

O terceiro grande fator que inspirou a renovação da marca McDonald's foi um último tapa metafórico: o resultado da pesquisa com os Clientes. **Eu sabia que a análise indicaria algo de errado, então fiz questão de colocar toda a diretoria da empresa para acompanhar os pesquisadores.**

Eu, o diretor de Marketing (CMO), a diretora de Finanças (CFO), o vice-presidente (VP) de Franquias... Se a pessoa estava na diretoria, ela se disfarçou de pesquisador e bateu de porta em porta com a empresa de pesquisas. E aí ouviu os Clientes expressarem toda a insatisfação com o McDonald's. **"Uma marca com cara de antiga", "empoeirada", "indiferente", "fria", "que vem sendo ultrapassada pela concorrência".** Eu me lembro perfeitamente de uma entrevista em especial. Estávamos eu e o João Branco, além da Equipe de entrevistadores "de verdade". Em uma casa em Cotia, cidade da Grande São Paulo, uma jovem de 22 anos nos disse uma frase que poderia bem resumir as milhares de entrevistas que fizemos: **"Ainda gosto do McDonald's, mas sinto que o McDonald's não gosta mais de mim".**

Mesmo hoje, tantos anos depois, esse momento ainda dói. Era de nossa marca, de nosso trabalho, que ela estava falando. E, se ela se sentia assim, quantos outros Clientes estariam passando pela mesma desilusão?

Outro fragmento interessante da pesquisa foi a frase: **"O McDonald's é um executivo distante que respeito e que veste terno e gravata"**. Quando perguntavam sobre determinado concorrente, a resposta era: "Ah, essa marca é meu chapa, quero bater papo com ela, quero curtir um happy hour com ela". Não bastava que nossa mascote fosse um palhaço divertido: éramos vistos como uma marca fria, distante e séria. Estava claro que precisávamos mudar alguma coisa.

Quando fizemos essas descobertas, estávamos perdendo Clientes para os diferentes concorrentes da época – lembrando que esse foi o exato momento de popularização dos food trucks, das hamburguerias artesanais e, principalmente, de outras marcas nacionais e internacionais de fast-food.

A pesquisa nos deu a prova cabal de que a empresa estava na contramão do futuro e que teríamos de fazer grandes mudanças, da base ao topo. Não era um problema de algum setor, e sim um problema que englobava o todo. **Tínhamos decepcionado os três grupos que mais nos importavam: nossos Colaboradores, nossos Clientes e nossos Franqueados – mas estávamos decididos a reconquistá-los.**

MCEVOLUTION: O PLANO ESTRATÉGICO DA VIRADA DO MÉQUI

Felizmente, depois de colocar os diretores para participar dessas entrevistas com Clientes, a inquietude por transformar o McDonald's não foi mais só minha. Eu me reuni com Times de toda a empresa, de todos os setores e, com o tempo e com apoio da Equipe, estruturamos um plano estratégico de negócios e de transformação cultural da organização. Como qualquer projeto complexo e cujos resultados levariam anos para aparecer, precisávamos elaborar bem a forma de apresentá-lo ao Time.

Nosso plano tinha cores, uma logomarca forte, conceitos bem-definidos, *dashboards* de acompanhamento e um calendário plurianual para a correta execução. Nós o chamamos de McEvolution, e o objetivo era nos ajudar a construir uma empresa revolucionária, que melhoraria com o tempo.

Para facilitar a compreensão da Equipe, o McEvolution usava a sigla MCE. O "M" da marca reunia todos os atributos relacionados ao *branding* do McDonald's, como a evolução da favorabilidade, do *top of mind*, entre outros. O "C" era de crescimento e acompanhava nossos objetivos relacionados a indicadores de venda, *market share*, expansão, entre outros. E o "E" remetia à excelência operacional e aos indicadores de desempenho, incluindo os indicadores de gestão operacional e de resultados financeiros.

Não se tratava de um novo McDonald's, e sim de um McDonald's melhor. Preservaríamos as coisas boas que a marca tinha, como os processos (o Big Mac é o Big Mac: dois hambúrgueres, alface, queijo, molho especial, cebola e picles em um pão com gergelim – e tem de estar pronto em 38 segundos, por exemplo), mas traríamos **inovação para fazer frente às novas expectativas** dos Clientes e acionistas.

O plano era plurianual e tinha sido construído com **prioridades estratégicas** que se desdobravam em iniciativas a serem implementadas gradualmente. Cada prioridade estratégica tinha como objetivo atacar **oportunidades levantadas nos estudos e nas pesquisas** que fizemos. O grande foco era modernizar o serviço e a forma de atendimento, inovar em produtos e modernizar os restaurantes, sempre com o objetivo maior de transformar a experiência das pessoas que interagiam com a marca – dentro e fora dela.

Minha função como CEO era engajar toda a empresa em torno das novas metas para aumentar o comprometimento das Equipes em torno do McEvolution. Além disso, meu papel nessa implementação era identificar as práticas e até mesmo as pessoas que já não combinavam mais com o Méqui que queríamos construir.

CLIENTE A CLIENTE, COLABORADOR A COLABORADOR

Aproveito aqui a repetição de palavras para explicar algo que para mim é natural, mas pode não ser óbvio para todos. **Sempre que escrevo as palavras "cliente", "colaborador", "franqueado" (que era meu Cliente também), "equipe" e "time", uso iniciais maiúsculas.** Sei que a língua portuguesa não exige isso, mas é uma prática que demonstra minha filosofia de servir a essas pessoas. **Por outro lado, "líder" e "liderança" são palavras que sempre escrevo com iniciais minúsculas, para demonstrar claramente quem está a serviço de quem nessas jornadas.**

Uma das frases que mais usei em meu período de Méqui foi a seguinte:

"ANTES DE SER O NEGÓCIO DO BIG MAC, O MCDONALD'S É UM NEGÓCIO DE GENTE. UM MONTÃO DE GENTE DO LADO DE DENTRO DO BALCÃO, SERVINDO E CUIDANDO DE UM MONTÃO DE GENTE DO LADO DE FORA DO BALCÃO."

E era esse montão de gente que nosso plano tinha o objetivo de reconquistar.

Visando modernizar serviços e forma de atendimento, revisitamos muitas das práticas entendidas pelos Clientes como ultrapassadas. Uma das questões que mais apareceram nas pesquisas com os Clientes insatisfeitos com o serviço do McDonald's estava relacionada ao atendimento. **Éramos descritos como robóticos, frios, repetidores de frases enfadonhas como "McFritas acompanha?".**

Na época, para dar visibilidade às alterações que estávamos implementando, dei uma entrevista ao UOL.[7] O que eu disse ao repórter do UOL Líderes foi que, depois de quarenta anos repetindo as mesmas frases, estávamos revisitando o programa de treinamento e que os Colaboradores estavam sendo convidados a inovar. Como? **Sendo eles mesmos. Esperávamos que, com isso, a marca fosse humanizada novamente.** Queríamos não só que a batatinha tivesse o sal e a temperatura corretos, mas também que o atendimento fosse caloroso e com o **tempero individualizado em cada interação: Cliente a Cliente, Colaborador a Colaborador.**

---

7 PEREIRA FILHO, A. Fim do "fritas acompanha?". **UOL Economia**, 2017. Disponível em: https://www.uol/economia/especiais/entrevista-uol-lideres-paulo-camargo-mcdonalds.htm. Acesso em: 28 mar. 2024.

E o desafio era enorme: no Brasil, estimávamos que nada menos que **2 milhões de Clientes por dia** passassem pelos restaurantes do Méqui. Para concretizar esse objetivo, quase 60 mil Colaboradores tinham de provar que o McEvolution estava acontecendo. Em uma entrevista para a Pequenas Empresas Grandes Negócios (PEGN),[8] adaptei e citei a seguinte frase, que descrevia a experiência: "Nada é verdade no McDonald's do Brasil até que realmente aconteça em seus mais de mil restaurantes".

Eu sabia que a humanização era importante, mas também sabia que tinha de liderar a transformação digital do Méqui. Pensando nisso, apresentei para os Times uma segmentação simplória, mas que foi importante para exemplificar o que era segmentação para os milhares de Colaboradores. Tínhamos de automatizar tudo que fosse passível de automatização, sem perder a conexão humana de que a marca precisava. Por isso, eu citava dois grupos de Clientes importantes: 1) a Dona Dalmira; 2) meus filhos.

A Dona Dalmira é minha sogra. Ela ficou recolhida em casa, um pequeno apartamento na cidade de Osasco, em São Paulo, por meses durante a pandemia de covid-19. Nesse período, ela se adaptou a usar os aplicativos de delivery para pedir refeições. Felizmente, hoje minha sogra já pode sair de casa, mas a última coisa que ela quer quando vai ao Méqui é ser atendida por uma máquina. A Dona Dalmira quer falar (e como fala…), quer conversar (e como conversa…), quer interagir com um ser humano, evitando ao máximo a tecnologia.

---

8 CABRAL, M. Como funciona a operação do McDonald's no Brasil. **Pequenas Empresas Grandes Negócios**, 11 fev. 2019. Disponível em: https://revistapegn. globo.com/Franquias/noticia/2019/02/como-funciona-operacao-do-mcdonalds-no-brasil.html. Acesso em: 28 mar. 2024.

NADA É VERDADE NO MCDONALD'S DO BRASIL ATÉ QUE REALMENTE ACONTEÇA EM SEUS MAIS DE MIL RESTAURANTES.

SEJA O LÍDER QUE VOCÊ GOSTARIA DE TER COMO CHEFE
@OIPAULOCAMARGO

Já meus filhos adoram tecnologia e vão se virar muito bem com quaisquer inovações que forem implementadas.

Ficava claro, ao final de minhas explicações, um de nossos grandes objetivos para transformar o atendimento: segmentar a experiência de cada Cliente. Isso não significava abolir o uso de tecnologia para Clientes como a Dona Dalmira – significava formas diferentes de contato. **E, sim, a tecnologia – até para a Dona Dalmira – ia nos ajudar.** Queríamos que cada Cliente se sentisse visto e contemplado naquilo que considerasse o melhor atendimento possível: fosse por meio de totens e aplicativo ou por meio de atendentes nos balcões.

Lembro quando fomos treinar os Colaboradores para a nova forma de atendimento, desconstruindo o roteiro inflexível que usávamos antes. **A melhor forma que encontramos para ilustrar por que esse roteiro robótico era um problema foi usar, exatamente, um robô.**

Fizemos um vídeo de treinamento em que um Cliente chegava a uma das lojas e era atendido por um robô atrás do balcão. **O robô ignorava quase tudo que o Cliente tinha a dizer e só repetia frases pré-prontas como "McFritas acompanha?",** inclusive interrompendo o Cliente. Os Clientes do vídeo ficavam insatisfeitos, e nós, espectadores, também. A partir daí, nos esforçamos para construir, com os Times, uma forma mais espontânea, real e humana de conduzir o atendimento das "donas Dalmiras" que buscavam nossos restaurantes.

"EFICIENTIZAÇÃO"

Investir em tecnologia, com o total suporte e a genialidade da Equipe Corporativa da sede central da Arcos, foi essencial para a virada do Méqui. Com os investimentos e as decisões acertadas, **pudemos melhorar e automatizar vários processos que deixaram a organização muito mais eficiente**. O melhor dos exemplos foi a automatização da confecção da escala de trabalho com os horários dos Colaboradores. Antes da implementação, um gerente levava dias para fazer a escala. Mesmo com todo esse tempo, ela não permitia o melhor aproveitamento de cada plantão, das habilidades de cada Colaborador ou das necessidades do negócio do Time. Isso, é claro, além de nos colocar em risco de descumprir as complexas regulações trabalhistas. Quando automatizamos a confecção da escala, tudo isso mudou. **Após a implementação do sistema, que recebia de início os parâmetros corretos, a escala ficava pronta em alguns minutos** e 100% em concordância com as regras da empresa e a legislação em vigor.

Para além disso, a busca por mais eficiência no negócio não parava em automação de tarefas no chamado *backoffice* (tarefas administrativas). Também era necessário investir na experiência do Cliente, implantando maior velocidade, maior interatividade e, especialmente, personalizando a experiência para cada pessoa que chegasse a um de nossos restaurantes. Eu fazia questão de dizer aos Colaboradores que **"o ganhador da disputa diária do varejo brasileiro seria aquele que melhor conseguisse individualizar a experiência de compra de cada um dos 220 milhões de CPFs brasileiros"**.

Foram muitas iniciativas visando facilitar a vida do "Senhor" Cliente (termo que também adoro, porque nos lembra quem é nosso verdadeiro patrão). Primeiro, acabamos com a fila dupla: lembra que você fazia o pedido em uma fila e depois entrava em outra para pegar o lanche? Pois é, até então achávamos que isso fazia sentido.

Depois, decidimos inovar ainda mais. Com o uso de novas soluções tecnológicas, diminuímos o estresse nas filas e criamos uma área de pedido e outra de retirada. Também instalamos os totens de atendimento – hoje, vários empreendimentos já usam, mas naquela época fomos os inovadores corajosos. **O mais incrível desse momento foi ver aquele Cliente que antes dizia "não, não e não" para nossas repetitivas sugestões dizer "sim, sim e sim" para as sugestões que ele mesmo encontrava no totem.** Uma simples mudança aumentou significativamente nosso ticket médio.

Estávamos em ritmo de mais melhorias, então investimos pesado em delivery, inclusive com o relançamento de um app todo repaginado chamado "Méqui" para agilizar os pedidos e personalizar a experiência do Cliente. Por meio do aplicativo, pudemos criar o "Méqui sem Fila", para que os Clientes adiantassem seus pedidos antes mesmo de chegar ao restaurante. Junto disso tudo, criamos também práticas de atendimento na mesa e atendimento no estacionamento. Cada uma dessas iniciativas tinha, em seu cerne, a vontade de eliminar a baixa performance dos processos e criar uma marca mais dinâmica e acessível para os Clientes.

Quando a propaganda não ajuda

O mais importante desse processo de "eficientização" do negócio é que ele tinha de ser de verdade! Não adiantava fazer algo, em nosso caso, para o "freguês ver". Um dos problemas que enfrentamos antes de mudar as táticas, por exemplo, foi o fato de que **nossas propagandas mostravam algo que não era real**.

Tínhamos as melhores Equipes de filmagem, os melhores roteiros, os melhores slots de televisão... Contratávamos os maiores nomes do mundo para estrelar os comerciais segurando um sanduíche e nos esquecíamos de um ponto básico: **nenhuma dessas celebridades, em nossas campanhas até então, mordia para valer o hambúrguer!** Não era essa a experiência de um Cliente real do McDonald's. Com a mudança de visão do McEvolution, transformamos inclusive isso.

As novas campanhas foram pautadas em trazer de verdade o que cada um vivia no Méqui, e é claro que alguns – sim – se lambuzam comendo Big Mac, Quarteirão e Cheddar. **É quase impossível uma pessoa comer o Big Tasty sem se lambuzar**, e isso faz parte da experiência para matar a #FomeDeMéqui.

McDonald's nunca deveria ser uma refeição "distante", "sofisticada", que você come com garfo e faca, todo elegante. É seu Méqui preferido do seu jeito (sua "Méquizice"), é onde você aproveita seus melhores momentos e onde pouco importa se isso suja um pouco seu rosto. Queríamos que as pessoas que assistissem aos comerciais se vissem naquelas pessoas comendo, também para valer, aqueles famosos sanduíches. Parece uma mudança pequena, mas teve um grande impacto na forma como a marca era percebida.

Outro exemplo de marketing que posso dar, em nosso esforço de adequar a forma como éramos vistos, foi o da campanha "*I'm glad you came*" (Que bom que você veio), de 2014. Foi na época em que estávamos patrocinando a Copa do Mundo, e a campanha mostrava Colaboradores felizes e solícitos, restaurantes lindos e coloridos e uma marca energizada. Infelizmente, como comentei, não era essa a situação que você veria ao entrar em um restaurante do McDonald's à época. Um dos grandes impulsionadores para nossos esforços de modernizar os restaurantes e serviços era a vontade de **oferecer aos Clientes exatamente o que eles viam nessa propaganda**.

Entretanto, nem tudo era uma questão de adotar novas tecnologias ou processos, ou fazer pequenas mudanças de roteiro ou ritual.

Ao iniciarmos a parte de "**modernizar restaurantes**", enfrentamos de imediato um obstáculo imenso. Quando assumi o McDonald's no Brasil, a empresa já tinha completado quarenta anos. O bom de liderar uma empresa com quarenta anos de história é que você tem muita experiência para acessar.

O McDonald's no Brasil já tinha enfrentado vários planos econômicos, hiperinflação, o bloqueio de liquidez do Plano Collor, além de outros desafios políticos e de mercado, então sabia que era capaz de sobreviver. O lado ruim, em compensação, é que os restaurantes também tinham quarenta anos, e em termos de restaurantes isso significa que estavam velhos. **Se você frequentava o McDonald's no início dos anos 2000, deve se lembrar daquelas mesas de mármore, das cadeiras fixas, das paredes cinza, do telhadinho que mais lembrava um restaurante chinês...** E um dos pontos negativos levantados nas pesquisas foi justamente a imagem de "marca empoeirada" que a empresa transmitia aos Clientes. Muito disso tinha a ver também com a aparência dos restaurantes.

Infelizmente, quando entrei, a empresa passava por uma grande limitação de recursos. Não tínhamos caixa para fazer frente a todas as necessidades do negócio, como investir em tecnologia, seguir crescendo com restaurantes novos e, especialmente, reformar os espaços. Para modernizar as unidades, antes de qualquer coisa, tivemos que entender a fundo os diferentes modelos de negócios para identificar onde poderíamos realizar mudanças e gerar caixa.

Modelos de negócio do McDonald's

Sobre o modelo de negócios, primeiro tínhamos a McDonald's Corporation. Os norte-americanos ganham dinheiro vendendo

Big Mac em restaurantes próprios, que não são muitos. Também ganham dinheiro com o chamado *real state* (negócio imobiliário), mas especialmente ganham dinheiro com o recebimento de royalties das franquias espalhadas pelo mundo.

A Arcos Dourados é uma das franquias do McDonald's. Então, ela remete um percentual da venda de todos os restaurantes que opera diretamente ou através de outros operadores para o McDonald's Corporation. Já no caso da Arcos, que é a empresa operadora da marca McDonald's no Brasil, ela ganha dinheiro de duas formas. A primeira é vendendo Big Mac, é claro. A empresa faz isso por meio de restaurantes próprios, que não são operadas por Franqueados. Quando assumi como CEO, aproximadamente 70% das lojas do McDonald's pertenciam à Arcos, e 30%, aos Franqueados. Já a segunda forma é com algo que chamo de *rental margin*.

Todo o processo de compra ou locação dos restaurantes McDonald's no Brasil é administrado pela Arcos Dourados. É a Equipe de *real state* (gestão imobiliária) que faz estudos profundos do potencial de cada cidade, cada bairro, e decide onde construir uma nova unidade do McDonald's. Essa Equipe busca o melhor imóvel ou terreno, constrói a unidade e só depois traz um Franqueado que arca com o custo dos equipamentos e do aluguel. Algumas das lojas do Méqui estão localizadas em terrenos próprios da empresa, então é ela quem fica com todo o aluguel recebido. Entretanto, quando o terreno pertence a outro locador, a Arcos aluga o terreno para depois sublocar ao Franqueados. A *rental margin* é a margem entre o aluguel que se paga pelo terreno ao locador e o aluguel que se recebe do Franqueado.

Quando entendemos a fundo as *rental margins* e o que elas significavam, encontramos um dos caminhos para geração de caixa no

70   Seja o líder que você gostaria de ter como chefe

curto prazo. Na época em que percebi essa oportunidade, ainda era VP de Operações. Levei o tema a meu antecessor, que ocupava a cadeira de presidente. Ele gostou tanto da ideia que iniciou, ele próprio, o processo de venda de unidades. Pouco depois, quando assumi como CEO, aceleramos as vendas e avançamos ainda mais. **Eu queria que esse processo acontecesse de forma rápida**, por isso analisei com meu Time o faturamento de todas as lojas próprias para identificar aquelas que não estavam desempenhando acima da *rental margin*.

Se alguma loja remunerava abaixo do que a *rental margin*, ela era candidata a entrar na lista de potencial unidade a ser franqueada, pois sabíamos que os Franqueados poderiam operar melhor localmente. As unidades remotas, longe dos grandes centros, foram a prioridade. O exemplo mais óbvio era Manaus, onde alguém local faria um trabalho melhor que nós, que tínhamos São Paulo como sede. Afinal, ter um Franqueado local disposto a trabalhar com a "barriga no balcão" pode fazer toda a diferença para gerar maior eficiência operacional. Queríamos encontrar líderes que operassem essas unidades melhor do que estávamos fazendo e também queríamos vendê-las para reforçar o caixa da empresa e rentabilizar melhor o negócio.

Obviamente, tínhamos que ter interessados em comprar as lojas, mas isso não era um problema. A comunidade de Franqueados estava bem capitalizada e tinha vontade de crescer. Com a venda das lojas, pudemos também atenuar um problema relacionado a regiões mistas, que acabavam gerando competição entre a operação própria da empresa e a dos Franqueados. Ou seja, **foi um excelente exemplo de ganha-ganha**, com um caso real de transformar o que era um problema em uma oportunidade. **Se a Dona Delfina, minha mãe, tivesse escrito este livro, ela diria que foi "juntar a fome com a vontade de comer".**

É importante ressaltar ao máximo que esse foi um processo no qual focamos não somente vender unidades para gerar caixa, mas também encontrar os melhores operadores para os restaurantes. Os Franqueados do McDonald's assinam contratos de décadas, e precisávamos de pessoas em quem confiássemos para construir um relacionamento de longo prazo. Buscamos as pessoas que nos trariam a melhor performance possível, e felizmente as encontramos.

Algo em que também tínhamos de pensar ao longo dessa busca era que, se esses Franqueados tivessem herdeiros com ketchup nas veias, teríamos parceiros por múltiplas gerações. Inclusive, uma das atividades que eu considerava mais estratégicas para o futuro do negócio era conhecer e ajudar a preparar os filhos dos Franqueados para os desafios que enfrentariam ao assumir as lojas. Ainda que não estivesse em meu *job description*, sabia que conhecer a próxima geração e ajudar na preparação dela era um dos temas mais estratégicos para o futuro do Méqui no Brasil, ainda que fosse um futuro mais distante, que eu não estaria lá para ver acontecer. Tive várias reuniões "de família" como CEO do McDonald's para colaborar com os Franqueados no treinamento dos sucessores deles. **Tudo para garantir que estaríamos cercados dos melhores.**

Com as devidas aprovações, vendemos diversas unidades que não estavam dentro das expectativas. O dinheiro que entrou ajudou a viabilizar os planos de crescimento e a reforma das outras unidades do Méqui previstas no McEvolution. Quando saí da posição de CEO, estávamos chegando a 1.100 lojas, sendo 60% delas da Arcos e 40% de Franqueados – algo que só se tornou possível depois dessas transações.

Não ser complacente com baixa performance significa estar atento às entregas de seus Colaboradores e também de seus ativos.

Não ser complacente é, também, achar maneiras de rentabilizar melhor seus ativos. Liderar é alçar novos e mais altos voos, pois não faz sentido deixar lastro se acumular e puxar a empresa em direção ao solo. Um Colaborador ou ativo que não funcione a favor da empresa funciona contra ela.

NÃO AFUNDE SUA JANGADA

Você terá diversos momentos de sua jornada à frente de uma Equipe em que tomará as decisões de descontinuar um contrato, um serviço, uma política: não pense que isso será fácil. No próprio McDonald's, me lembro de ouvir o discurso de que "a empresa era como um grande transatlântico, uma grande e cara estrutura que começa a fazer um movimento agora, mas que demora um tempão para tomar o rumo desejado".

O problema dessa lógica é: um transatlântico até é bom para navegar em um oceano aberto, sem surpresas, quando está tudo indo bem, mas não seria capaz de manobrar com a velocidade necessária para mudar o jogo. **Naquele momento, resolver os problemas exigia agilidade.** Se não tivéssemos sido decisivos e feito mudanças profundas, eliminando as fontes de baixa performance, corríamos o risco de ter reencenado o Titanic – e sem banda para tocar enquanto afundássemos.

Foi nessa época que passei a incluir nas apresentações corporativas que a empresa **não era mais um transatlântico, e sim uma jangada, assim como cada Time.** A jangada exige que cada um cumpra o próprio papel para que ela siga em frente, e todos têm de estar muito atentos e colaborativos. Não importa se a maior parte dos tripulantes rema na direção certa: se há alguém remando na direção contrária, a jangada vai rodar em círculos, e alguém pode até cair.

Não seja complacente **73**

É isso que um Colaborador com desempenho insatisfatório faz com o Time ao qual pertence. O trabalho que ele não dá conta de fazer acaba nas mãos de outro Colaborador – um com bom desempenho. E aí você tem um grande problema: você passa a penalizar os bons membros de sua Equipe com a responsabilidade de assumir também o trabalho dos maus membros. E, no geral, sem remuneração extra. Você deprecia a mão de obra de seus melhores Colaboradores e tira deles o incentivo para render mais quando você permite que eles coexistam com os maus Colaboradores.

E há ainda outro cenário possível e igualmente negativo: o cenário em que você, como líder responsável pelos resultados, é quem tem de assumir a defasagem de trabalho de seu Time. Isso tira tempo que poderia ser mais bem investido em cultivar sua Equipe, delimitar melhor as metas e atender a novos interesses da empresa.

NÃO SEJA O LÍDER BONZINHO QUE AFUNDA A PRÓPRIA JANGADA. RETENHA OS BONS TALENTOS E AFUGENTE, O QUANTO ANTES, OS MAUS TALENTOS.

Ainda assim, entenda: **ser o líder que não é complacente com a baixa performance não significa que você deverá se tornar um carrasco para as pessoas que trabalham com você.** Um líder precisa dar sermões, aplicar punições, fazer desligamentos e, por vezes, até falar mais alto, com mais energia, mas sempre de forma contextualizada. Não é algo que eu goste de fazer, mas às vezes é necessário.

Por exemplo, havia uma prática terrível em lojas do McDonald's há alguns anos. Os Colaboradores e gerentes a chamavam de "batismo", que nada mais era que a primeira vez que um novo Colaborador se queimava com respingos do óleo da fritadeira de batatas. Os colegas e gestores de loja não faziam nada para tornar a queimadura mais provável, mas se omitiam quanto a ter certeza de que o Colaborador novo tivesse compreendido por completo como se proteger. Só depois do "batismo" é que as melhores práticas de autopreservação eram reforçadas no treinamento – e aí o novo Colaborador era aceito pelo grupo.

Quando me tornei CEO, uma de minhas primeiras decisões foi exterminar o batismo. **De maneira imediata, irrevogável e irreversível.** E pasme: me lembro de muitas pessoas que vieram argumentar comigo. "Mas, Paulo, não é nada demais, é uma brincadeira, um ritual de entrada! Prática enraizada na cultura da empresa. Gera conexão da Equipe." **Isso me deixou irado!**

O giro pelo país para deixar claro que as coisas iriam mudar!

Rodei o país me reunindo com os principais líderes encarregados pelas lojas e fiz questão de deixar clara minha posição como CEO. Em uma das reuniões, dei um soco no púlpito, que quebrou enquanto eu gritava: "ACABOU! ACABOU! **Acabou o batismo! E quem não aceitar que acabou não é mais bem-vindo nesta empresa!**".

Fiz questão de ser bastante duro nesse ponto porque, além de bárbaro e cruel, era contraproducente. Estávamos tentando construir uma empresa inclusiva, que ouve e trata bem os Funcionários, encanta os Clientes e recompensa Franqueados e investidores, e alguns desavisados estavam se divertindo afugentando novos talentos? Isso ia diretamente contra os valores da empresa, contra meus valores e contra as metas que havíamos definido para o futuro.

Quem praticasse ou defendesse o batismo, a partir de minha reunião, estava fora.

Algumas pessoas ficaram insatisfeitas com isso? É claro que sim. Faz parte do trabalho. Ser líder também exige de você canalizar para si as insatisfações de membros de sua organização – principalmente quando é por uma boa causa. Outra frase creditada a Steve Jobs é:

"SE VOCÊ QUER FAZER TODOS FELIZES, NÃO SEJA LÍDER: VENDA SORVETES."

O bom líder, às vezes, tem de se preparar para a batalha. Tive sorte em minha jornada profissional, porque comecei como líder no Exército Brasileiro. Eu podia ter migrado para os belos e ricos salões do mundo corporativo, mas nunca me esqueci de que fui treinado para a guerra. **E liderar, às vezes, exige que você seja um guerreiro.**

De qualquer forma, mesmo na guerra, há regras e bom senso. Ser rígido com sua Equipe quando é necessário é seu papel, mas ser cruel com seus Colaboradores sem necessidade é um sinal de seu fracasso. **O único caminho possível é, novamente, ser um líder justo.**

Quando você é justo com as pessoas, mesmo suas críticas, seus sermões e suas punições se tornam fonte de maior respeito, e não de ressentimento. E falo isso por prática. Você se lembra dos Franqueados do McDonald's que "não gostavam de mim" quando entrei porque eu era a representação de uma marca em baixa performance?

Quando chegou o momento de deixar o cargo de CEO, eu havia respondido com resultados a todas as provocações que eles tinham me feito. Tornei-me um CEO melhor e mais atencioso também por causa dos sermões que levei dos Franqueados. E hoje, ainda que não seja mais do sistema McDonald's, continuo amigo de muitos deles.

Conheço bem a história de vários dos ex-Franqueados e da família deles. Ainda me lembro de quando o filho de um deles foi aprovado em uma universidade norte-americana, a famosa Universidade da Pensilvânia. Naquela época, eu estava matriculado em um curso na Wharton School, no mesmo Campus, então fiquei encarregado de trazer de volta para a família alguns presentes, como camiseta da escola e outros mimos.

Esse Franqueado era o presidente da Associação dos Franqueados que me puxou a orelha. Exigente, mas sempre soube lidar, com equilíbrio e respeito, com as demandas. Ele é um daqueles profissionais que, quando cruza seu caminho, você faz questão de levar para sua lista de amigos. É o cara perfeito para liderar aqueles aguerridos Franqueados. Conseguiu mesclar um pouco da retidão da formação militar, do raciocínio lógico de engenheiro, da visão como operador e da experiência de vida única, o que o transformou em um dos mais competentes negociadores que tive o prazer de conhecer.

Posso falar também de um superfranqueado de umas das capitais do Nordeste com quem aprendi muito. Mais estilo velha guarda, austero, rígido, estava entre os Franqueados insatisfeitos quando assumi. Hoje somos amigos. Ele me liga todos os finais de ano para saber como estou e pede notícias de meus filhos e da Débora, minha esposa, que tive o prazer de apresentar a ele na Copa do Mundo de 2014, quando o Méqui era patrocinador. Também conheci o filho dele, que foi um dos caras mais competentes que vi sendo preparado para assumir como segunda geração (é assim que chamávamos os filhos dos Franqueados que podem assumir o negócio dos pais).

Teve também um Franqueado do interior de São Paulo que se tornou um de meus grandes parceiros em lidar com a Associação de Franqueados. Ele me ajudou muito, durante minha gestão, ao atuar como um canal para que eu entendesse melhor o que os Franqueados queriam e para que eles entendessem melhor o que a empresa estava desenvolvendo em prol deles. Às vezes, nos ligávamos só para desabafar. Eram conversas diretas, objetivas e muito, muito produtivas, nas quais eu sempre aprendia algo. Além disso, ele foi para mim um grande exemplo de estruturação familiar, sempre pensando no futuro da organização e na preparação de eventuais sucessores.

Em minha última reunião de Franqueados como CEO, ele, sem saber que eu ia anunciar minha saída, proferiu um discurso sobre como estávamos vivendo "o melhor momento do McDonald's no Brasil, com filas aumentando, resultados cada vez melhores, novas iniciativas de sucesso". E isso se devia, em grande medida, aos puxões de orelha que eu e os diretores levamos dos Franqueados, que não aceitavam a mediocridade nem baixa performance.

Eu poderia contar a história de cada um de meus amigos Franqueados ou de diretores, Colaboradores e parceiros que ainda hoje fazem parte de minha vida e que tanto me ensinaram durante os onze anos como Paulo do Méqui, mas pretendo me ater a uma das grandes lições que eles me ensinaram. **Se você for um líder justo, que é implacável, mas respeitoso ao lidar com a baixa performance e extremamente generoso com a superação** de expectativas, você conquistará mais do que resultados: conquistará aliados. Foi o que aconteceu com os Franqueados e com os diretores e Colaboradores. **É assim que você navega sua jangada.**

05.
Não se esqueça dos executantes

Ser líder é, necessariamente, estar à frente de um grupo de pessoas: os Executantes. A liderança pode, por vezes, ser uma atribuição solitária, mas ela nunca é sozinha. Você sempre tem um Time para coordenar.

Um imenso e inaceitável erro que vejo líderes cometerem é esquecer que as pessoas lideradas são (pasmem!) pessoas! Tratar seus Colaboradores como meios para um fim, como ferramentas à sua disposição para atingir um resultado, é uma péssima forma de exercer a gestão de sua Equipe.

Pessoas têm agência: pessoas o corrigem, quando necessário; pessoas apresentam a você novos pontos de vista; pessoas auxiliam no moral do Time; pessoas são vulneráveis, mas resilientes. Ferramentas? Ferramentas só executam funções. **Tratar seus Colaboradores como ferramentas inanimadas cuja única razão de existir é ajudar você a alcançar seus objetivos é desperdiçar o potencial que seu Time tem de surpreender.**

Muitas empresas, nos últimos anos, adotaram o termo "Colaborador". Infelizmente, várias delas se esquecem do que essa palavra significa. **Um Colaborador, por definição, colabora; (co)elabora. Ele não só ajuda a executar sua visão para a empresa como também ajuda a construir essa visão.** Ele deve ser uma parte ativa de sua cultura, de seus processos e de sua percepção do todo.

Empresas que se esquecem dos Executantes estão fadadas a viver no passado. As únicas fontes de mudança e crescimento delas serão tendências de mercado e a câmara de eco dos administradores. **Já os líderes que se lembram dos Executantes e os valorizam por quem eles são, e não só pelo que fazem, estarão sempre muito mais bem alinhados com a própria Equipe e ela será mais contributiva e engajada.**

E isso nos leva a mais um ponto essencial de não se esquecer dos Executantes: é importante valorizá-los como eles são! Há um motivo real para que a diversidade tenha se tornado uma das principais pautas de Times de sucesso: trata-se de justiça e estratégia.

Sundar Pichai, CEO da Alphabet, empresa dona da Google, diz que "um mix diverso de vozes leva a melhores discussões, melhores decisões e melhores resultados para todos".[9] Seja de gênero, seja de

---

[9] PICHAI, S. Let's not let fear defeat our values. **Medium**, 12 dez. 2015. Disponível em: https://medium.com/@sundar_pichai/let-s-not-let-fear-defeat-our-values-af2e5ca92371#.o04d0pa9p. Acesso em: 28 mar. 2024.

orientação sexual, seja de etnia, seja de idade, seja de crença, diversidade é um importante ativo para manter as Equipes oxigenadas e na melhor performance – e as pesquisas comprovam isso.

Um estudo de 2015 da McKinsey mostrou que empresas no primeiro quartil de maior diversidade étnica entre altos cargos tinham chance 35% maior de ter retornos financeiros acima da média da indústria da qual fazem parte do que empresas no último quartil (com menor diversidade). Em acréscimo a isso, empresas no primeiro quartil de diversidade de gênero em altos cargos tinham 15% a mais de chance de ter retornos financeiros acima da média da indústria do que as empresas do último quartil.[10]

Um estudo feito pela Credit Suisse em 2012, com 2,4 mil empresas de grande porte, mostrou que companhias com pelo menos uma mulher no conselho superavam empresas sem mulheres no conselho na média de Retorno sobre o Patrimônio Líquido (ROE) e aumento de lucro líquido em aproximadamente 26%.[11]

Em ainda mais uma evidência de que a diversidade é um grande trunfo, temos a pesquisa de 2012 publicada no periódico *Innovation: Management, Policy & Practice* pelos pesquisadores Cristina Díaz-García, Angela González-Moreno e Francisco Jose Sáez-Martínez. Ao investigarem 4.277 empresas espanholas, eles

---

10 HUNT, D. V.; LAYTON, D.; PRINCE, S. Why diversity matters. **McKinsey**, 1 jan. 2015. Disponível em: https://www.mckinsey.com/capabilities/people-and-organizational-performance/our-insights/why-diversity-matters. Acesso em: 28 mar. 2024.

11 PRESS Release. **Credit Suisse**, 31 jul. 2012. Disponível em: https://www. credit-suisse.com/about-us-news/en/articles/media-releases/42035-201207.html. Acesso em: 28 mar. 2024.

descobriram, por meio de um modelo estatístico, que empresas com número maior de mulheres tinham mais chances de introduzir inovações radicais no mercado.

Diversidade é mais que um discurso. É bom para os negócios. E os dados estão aí para provar. Felizmente, tive a oportunidade de presenciar esse superpoder na prática.

MAURÍCIO, MARIA CALVO E LUCILENE

Ao longo das últimas décadas, foram várias as histórias de evolução de Colaboradores das quais pude participar, mas quero compartilhar aqui três delas que me marcaram profundamente. A primeira, da época de McDonald's, com o Maurício, um cara fora da curva que hoje sou muito feliz de ter como amigo. A segunda, da época de Iron Mountain, com a Maria Calvo, uma das melhores Colaboradoras que já tive. E a terceira, da Espaçolaser, com uma gerente excelente chamada Lucilene.

Maurício era gerente de uma unidade do McDonald's no Sul do país. Ele já estava sendo cotado para uma promoção havia um bom tempo, porque era extremamente competente no serviço e sonhava em trabalhar no RH da empresa. Quando surgiu a oportunidade de o promover, a gerente de RH não hesitou e estendeu a ele o convite para se juntar à sede corporativa.

Era uma grande promoção, é claro, e a expectativa era sempre que o Colaborador promovido ficasse em êxtase. E o Maurício ficou, em um primeiro momento. Ele agradeceu muito a oportunidade e desligou o telefone, provavelmente para espalhar as boas novas para a família e os amigos. **Só que a história não acabou aí.**

Poucos minutos depois, o Maurício ligou de volta para a gerente de RH, angustiado. E então ele disse: "Quero agradecer muito

DIVERSIDADE É MAIS DO QUE FAZER O CERTO. É EFICAZ. E OS DADOS ESTÃO AÍ PARA PROVAR.

SEJA O LÍDER QUE VOCÊ GOSTARIA DE TER COMO CHEFE
@OIPAULOCAMARGO

a oportunidade. Mas antes de aceitar preciso contar uma coisa". A gerente, que sabia o quanto queríamos o Maurício na posição, não podia nem imaginar o que seria tão grave a ponto de o impedir de assumir o cargo. Não consigo nem pensar no que passou na cabeça dela naquele momento, mas o que ela disse para o Maurício foi: "É claro, Maurício! Pode me contar, sim".

E o Maurício contou: **"Não sei se você sabe, mas... eu sou gay"**. E a gerente, curiosa para descobrir até onde aquilo iria, respondeu: "Ok! E daí?". Maurício continuou: "Eu nunca soube de ninguém como eu nesse tipo de posição na matriz. Realmente agradeço o convite e fico muito feliz de ter sido considerado, mas, se for um problema... prefiro não aceitar. Levei um bom tempo para conquistar a confiança de meu Time aqui na unidade e, se quem eu sou for um problema para a promoção, realmente prefiro ficar onde estou, por favor! Não posso perder este emprego".

Depois de tranquilizar o Maurício e chorar copiosamente, a gerente me ligou. Ela me convidou para uma videochamada com o Maurício e disse – sem me dar spoilers – que eu precisava ouvir a história dele. E aí entrei na chamada **e chorei também.**

Chorei pelo Maurício, é claro, e pelo absurdo de pensar que ele teria medo de aceitar uma posição para a qual ele seria perfeito só pela orientação sexual. **Mas também chorei como CEO, porque eu havia falhado em meu papel como líder.** Chorei por pensar que eu estava à frente da empresa que fez ele se sentir daquela maneira e que provavelmente fazia que muitos dos 60 mil Colaboradores se sentissem daquele modo também.

Lembro-me de olhar para o Colaborador, ainda com olhos molhados, e dizer: "Maurício, preciso de você neste Time". A gerente e eu já estávamos em busca da pessoa ideal para ocupar o novo cargo no RH da sede havia um tempo e tivemos a certeza de que a encontramos. Maurício seria a pessoa-chave para tentarmos garantir que nenhum dos Colaboradores se sentisse como ele de novo.

Maurício foi um achado. Uma pérola. Rapaz de origem muito simples, começou como atendente, fritando batata, e viu no Méqui uma oportunidade de carreira. Ele já era destaque na gestão daquela unidade quando o conheci, uma pessoa com ideias fora da curva. Pouco depois de ele ter ido trabalhar na matriz, um dia entrei de penetra em uma das reuniões que ele estava conduzindo. Alguns dias depois, eu estava indo para uma reunião com o CMO, João Branco, e avistei o Maurício no corredor. Pedi licença ao João e fui até lá. Olhei bem nos olhos do Maurício e disse: "Só queria dizer que você foi excelente naquela reunião. Estou muito orgulhoso do trabalho que você está desenvolvendo. Você vai longe, e estou **muito agradecido por você trabalhar conosco!**".

Dessa vez, foram os olhos do Maurício que se encheram d'água. Foi o momento em que ele "travou". Nem consigo imaginar o que se passou na cabeça dele naquele momento. Ele me agradeceu muito e disse: "Paulo, como eu queria que meu pai, que ficou lá no Sul, ouvisse o que você está me falando agora. Quando eu contar, ele nem vai acreditar". Bem, esse me pareceu um desafio bem fácil de superarmos: "Ah, é? Então vamos falar com ele agora. Faz uma chamada de vídeo que eu repito".

O Maurício ligou. E repeti: "Seu Afonso, meu nome é Paulo, sou o presidente do McDonald's, a empresa em que seu filhão trabalha. Estou ligando só para lhe dizer que nós estamos muito felizes com seu filho aqui. Ele tem um baita potencial e vai muito longe. **Seu Afonso, estou ligando para dizer que valeu a pena!** Estou ligando para agradecer e dizer que valeu a pena a educação que o senhor deu para seu filho".

E, de repente, éramos três pessoas chorando no corredor e uma no celular: Maurício, eu, João e Seu Afonso.

Gosto de contar essa história para deixar claro que o Maurício seria promovido de qualquer forma, sendo gay ou não. Aquela foi – como deveriam ser todas – uma promoção pelas habilidades ímpares que ele tinha, como liderança, capacidade de comunicação, gestão pelo exemplo e resultados. **O Maurício representava a tríade do sucesso e da competência no mundo corporativo: talento, atitude e esforço.** E, para a absoluta felicidade e sorte da organização, ele também completou o Time com uma visão mais ampla de mundo e ajudou a Arcos a se tornar uma empresa mais diversa. A propósito, **o Maurício foi promovido de novo e lidera a área de Diversidade e Inclusão no Méqui.**

Permitir e incentivar que seus Colaboradores coloquem a diversidade deles no trabalho e nas rodas de planejamento do futuro da empresa é uma das formas mais eficientes de garantir o engajamento de seu Time. Não celebre as pessoas apenas pelo que elas fazem, mas também as valorize pelo que elas são!

E, por favor, não pense que a diversidade é algo instrumental. Não estou dizendo que contratar pessoas "diversas" – por idade, orientação sexual, gênero, etnia, deficiências – deve ser um critério de contratação apenas porque isso traz resultados. Você deve contratar pessoas diversas porque o talento vem em todas as formas e tamanhos, e precisamos sair da caixinha tradicional que, por muitos anos, transformou a fuga do padrão em um demérito. Contrate as pessoas porque elas agregam à sua percepção e às suas metas – e crie um canal seguro para que essas diversidades venham à tona e enriqueçam a experiência do grupo como um todo.

VOCÊ DEVE CONTRATAR PESSOAS DIVERSAS PORQUE O TALENTO VEM EM TODAS AS FORMAS E TAMANHOS, E PRECISAMOS SAIR DA CAIXINHA TRADICIONAL QUE, POR MUITOS ANOS, TRANSFORMOU A FUGA DO PADRÃO EM UM DEMÉRITO.

SEJA O LÍDER QUE VOCÊ GOSTARIA DE TER COMO CHEFE
@OIPAULOCAMARGO

A MATERNIDADE E OS ENSINAMENTOS DELA

Alguns anos antes do McDonald's, tive o prazer de viver na Iron Mountain uma situação que mostrou o valor da diversidade. À época, eu era o CEO da empresa na Espanha e conheci Maria Calvo, uma candidata a Colaboradora. Ela era excelente e estava, como o Maurício, sendo cotada para uma contratação. No caso da Maria, ela teve de passar por um longo processo seletivo e várias entrevistas comigo, com o Time de Recursos Humanos e com o diretor da área na qual poderia atuar.

Ela tinha um currículo perfeito, excelentes referências e parecia ser tudo o que buscávamos. Maria passou em todos os testes de maneira exemplar. Todos estávamos empolgadíssimos de tê-la na nova posição. A diretora de RH ligou para Maria e compartilhou as boas novas: **ela tinha sido selecionada e se juntaria ao Time da Iron Mountain**.

Alguns dias depois da notícia, a diretora de RH e o diretor da área para a qual Maria seria contratada invadiram minha sala em rompante, no meio de uma discussão. Poucos dias antes, estávamos todos muito bem alinhados e felizes com a decisão de contratar a nova Colaboradora, mas, no meio daquela discussão, o diretor me disse: **"Vamos precisar contratar outra pessoa. Maria Calvo está grávida"**.

Ainda atordoado pela discussão súbita, olhei para a diretora, e ela me explicou o que houve. Quando ela ligou para Maria para dar a notícia da contratação, a primeira reação foi de êxtase. Maria estava tão feliz quanto nosso Time com a decisão de que ela se juntaria à empresa. Mas, antes do início dos serviços, Maria fez um teste de gravidez, e o resultado foi positivo. Os contratos ainda não haviam sido assinados, e ela sabia que, se a gravidez parecesse uma condição escondida, poderia afetar negativamente o relacionamento com a empresa.

Sendo uma profissional de extrema honestidade, para além de competência, Maria ligou para a diretora de RH. Ela disse que não sabia durante o processo seletivo, mas que tinha acabado de fazer um teste e que – "infelizmente" – ela estava grávida. Maria então disse à diretora que entenderia se não fosse mais contratada, **mas que queria ser honesta conosco acima de tudo**.

SEJA FIEL A SEUS VALORES E AOS VALORES DE SUA ORGANIZAÇÃO

A diretora de RH foi discutir o caso com o diretor da área e... o resto você sabe. Eles invadiram minha sala, e ele me disse que teríamos que contratar outra pessoa porque Maria Calvo estava grávida. A isso, a diretora de RH respondeu: "Mas ela não sabia que estava grávida quando a escolhemos! E optou por nos contar. Ela não precisava ter feito isso, e **a honestidade, por coincidência, é um dos valores de nossa organização**".

Ainda tentando me situar, perguntei ao diretor: "Por que nós precisamos contratar outra pessoa, e não a Maria?". E ele me disse: "Porque não posso ficar sem ela, Paulo! Temos de escolher alguém que não vai me deixar na mão".

Os dois voltaram a discutir enquanto eu absorvia aquela situação. Dispensar a contratação e a promoção de grávidas é um absurdo e custa ao mercado excelentes profissionais todos os anos, mas por muito tempo foi uma prática normal no mundo dos negócios – motivo pelo qual o diretor levantou esse ponto. Ele também defendeu que levar em consideração a gravidez nesses casos era algo tão comum entre gestores e as próprias profissionais que, em algumas empresas, as mulheres de uma mesma Equipe faziam "rodízios" para determinar quando cada uma engravidaria para que a Equipe não ficasse desfalcada por múltiplas licenças ao mesmo tempo.

Hoje soa absurdo, mas infelizmente na época era normal, algo que todo mundo fazia. Por sorte, como dizia minha mãe, **nós não éramos "todo mundo".**

Eu havia conhecido a Maria e participado do processo seletivo dela. Já estava claro que ela era a melhor pessoa para ocupar aquele cargo. O fato de ela ter sido honesta quanto à gravidez, sendo que ela poderia ter ocultado a gestação, sido contratada e saído de licença normalmente alguns meses depois, foi ainda mais uma evidência de que ela era uma pessoa inestimável para a empresa.

"Nós vamos contratar a Maria Calvo", eu disse. Houve alguma resistência, mas assim o fizemos. E me sinto muito feliz de dizer que a Maria foi uma das melhores Colaboradoras que tive na Iron Mountain. Dedicada, eficiente, proativa... ela entregou tudo que esperávamos e mais. Então, quando chegou o momento, ela saiu de licença. Depois, na hora certa, voltou ao Time. **Mesmo depois que saí da Iron Mountain, ainda ouvia notícias de como a Maria estava agregando muito à empresa e alçando voos cada vez mais altos.**

No Méqui também tive a oportunidade de trabalhar com mulheres excelentes e que ainda hoje tenho como referência. Muitas delas, ao longo da carreira, tiraram licenças-maternidade, mas nenhuma delas me deixou na mão. Todas elas foram importantes complementos ao Time, e foi por isso que, quando saí da empresa, a diretoria de operações – que quando entrei era composta apenas de homens – já contava com praticamente metade do quadro ocupado por mulheres muito competentes.

O caso da Maria Calvo mostra um ponto essencial: não se esquecer de seus Executantes também é reconhecer que seus Colaboradores têm planos e objetivos de vida que não se resumem ao trabalho. **Eles querem constituir família, cultivar hobbies, crescer como pessoas...** Sua Equipe pode ser um lugar que agrega valor a essa visão de vida ou que a impede de se concretizar. Se você se tornar um obstáculo na vida que seus Colaboradores gostariam de construir para além do trabalho, uma de duas coisas vai acontecer: 1) você terá Colaboradores extremamente infelizes, que atuam apenas pelo salário porque precisam pagar os boletos no final do mês e sairão assim que uma oferta melhor aparecer; 2) você será, de pronto, abandonado.

Tanto o caso da Maria como o do Maurício são histórias que carrego comigo e cujo lado positivo tento reproduzir. No final de 2023, em uma viagem a Belo Horizonte, tive a oportunidade de fazer outra chamada de vídeo, dessa vez para o Isac, marido da Lucilene, gerente de uma unidade Espaçolaser. Depois de uma visita à unidade que ela coordenava, elogiei o trabalho que ela desenvolvia com o Time, soube quanto o marido dela ficaria orgulhoso e fiz questão de ligar para ele também. Foi, mais uma vez, uma emoção geral. Eu chorando, o Isac chorando, a Lucilene chorando.

E o que esse choro proporcionou? Autenticidade, confiança e conexão entre profissionais e seres humanos. Vira e mexe, a Lucilene me mandava mensagens para celebrar os resultados dela e os do Time.

RESPEITE O LEGADO – MESMO DAQUELES QUE NÃO ESTÃO MAIS PRESENTES

Lembre-se: **nem o melhor líder do mundo consegue liderar sem liderados. Nunca se esqueça de seu Time, das pessoas que fazem**

parte dele e das pessoas que, apesar de terem partido, contribuíram para seu sucesso.

Poucos meses depois de me tornar CEO do McDonald's no Brasil, em meio àquela situação desafiadora de resultados iniciais que mencionei, tivemos que conduzir uma série de demissões no escritório central. Essas demissões não foram, na maioria, por baixa performance ou incompatibilidade de perfil dos Colaboradores, foram reduções de pessoal por necessidade orçamentária e por reestruturação dos custos. Infelizmente, perdemos muitas pessoas boas pela ineficiência da operação antes de colocarmos a empresa de volta nos trilhos.

Ao final da semana em que as demissões foram efetivadas, tivemos uma grande reunião com os Colaboradores no auditório. Era uma reunião para falar das demissões e depois explicar uma mudança interna que íamos realizar. Reuniões assim sempre são delicadas, e é claro que o setor de comunicação preparou um discurso muito bem-feito para minimizar a tensão dos Colaboradores no auditório. Quando cheguei ao palco para me dirigir à Equipe, decidi abandonar o material que prepararam para mim. Eu olhava para o auditório cheio e o que eu enxergava eram pessoas que tinham visto colegas de trabalhos e amigos serem demitidos por motivos que elas não compreendiam – **e muitas delas temiam pelos próprios empregos**.

Pedi que todos se levantassem. Depois de alguns momentos de silêncio, eu disse: "Vocês, como eu, devem sentir falta de algumas pessoas aqui hoje. Então, em respeito a essas pessoas e ao trabalho que elas desempenharam conosco, quero pedir que vocês se juntem a mim em uma salva de palmas para todas elas". O que era tensão e medo rapidamente se transformou em um espaço para pensarmos nos colegas que nos deixaram ao longo do caminho. Aplaudimos, **conversamos, nos abraçamos, choramos e tivemos um momento genuíno que nos fortaleceu como Time**. Ao final, a Equipe de comunicação me perguntou se eu ainda ia falar das mudanças internas e eu disse que naquele dia não. Deixaríamos para a próxima oportunidade.

Na semana seguinte às demissões, juntamos todos os Colaboradores mais uma vez no auditório. Percebi que o momento era outro, **que havia espaço para respeitar, sim, o passado, mas também para inspirar o Time a visualizar o futuro do Méqui**. Nesse caso, a menção não foi mais a quem tinha saído, e sim ao fato **de que eles haviam sido escolhidos para conduzir a jangada dali em diante**. Foi o momento de dizer o quanto eu precisava da ajuda deles para que a McEvolution acontecesse.

Não se esquecer dos Executantes também é um desses momentos em que você percebe que seu Time vai reagir melhor ao afeto do que à gestão. **Somos pessoas. Temos sonhos, medos, desejos, ambições...** Não importa quão profissionais sejamos, uma hora essas coisas vão aparecer no ambiente de trabalho. **O bom líder, mais do que rejeitá-las, deve acolhê-las como oportunidades de conhecer melhor, direcionar melhor e cultivar melhor a Equipe.**

A PANDEMIA, O MEDO, AS DECISÕES DIFÍCEIS E O CHORO

O momento em que tivemos que fechar os restaurantes por causa da pandemia de covid-19 foi um grande exemplo de uma situação assim. O McDonald's é uma marca internacional, por isso estávamos em contato com unidades do mundo inteiro enquanto o vírus começava a se espalhar. Quando ele chegou ao Brasil, já tínhamos algum conhecimento do quão devastador ele poderia ser e de como tinha afetado as operações do McDonald's em outros países.

Eu já tinha falado com chineses e espanhóis e sabia que o fechamento dos restaurantes seria algo inevitável. **Investidores, diretores, conselheiros, Franqueados: todos estavam apavorados com as perspectivas de fechamento.** Mas, mais do que eles, tínhamos o temor pelos milhares de Colaboradores, que não sabiam se receberiam salário caso tivessem que ficar em casa.

A verdade é que ninguém sabia como lidar com uma pandemia, e isso, é claro, incluía a mim. Minha sensação era de que todos estavam olhando para mim e se perguntando: **o que o Paulo vai fazer?** O que o chefe vai fazer? Como ele vai lidar com isso?

Foram os dias mais complexos de todo meu período como líder. Nunca vou me esquecer do dia 19 de março de 2020. Era uma quinta-feira. Peguei o telefone e liguei para o CEO geral da Arcos, responsável por vinte países na América Latina, e comuniquei que fecharíamos os restaurantes do Brasil na segunda-feira seguinte, dia 23 de março, porque essa era a medida mais acertada.

Ao final do dia em que essa decisão foi tomada, me sentei sozinho em minha sala e **pensei em como lidar com as consequências daquela escolha.** É importante mencionar que até aquele momento as autoridades ainda não tinham determinado o fechamento dos restaurantes. **E até então a única coisa que sabíamos era que os restaurantes fechariam, mas não tínhamos a menor ideia de quando eles poderiam reabrir.** Como lidaríamos com os compromissos financeiros, com o pagamento dos fornecedores, com a folha de salários de quase 60 mil Colaboradores?

Eu não conseguia parar de pensar no maior desafio de minha vida até aquele momento. De alguma forma, me sentia responsável pelo sustento de milhares de pessoas que dependiam daquilo para sobreviver.

No fim daquele dia intenso, eram mais de dez da noite e eu ainda estava lá, pensando nos efeitos daquela decisão. **Chorei copiosamente** por pensar nas pessoas que dependiam de mim e por não fazer ideia de como atender às expectativas que elas tinham. **Os Colaboradores também estavam com medo, e minha decisão foi garantir que nenhum deles seria deixado na mão.**

TODO DOM QUIXOTE PRECISA DE UM SANCHO PANÇA

Aproveito para deixar claro que, ainda que muitas vezes, neste livro, use o pronome "eu", pois são histórias reais que vivi e que são fatos de minha jornada como ser humano e profissional, **o mais correto seria usar sempre a primeira pessoa do plural, "nós".** Eu não teria sido capaz de fazer nada sozinho. Em minha vida como CEO, as realizações somente foram possíveis porque eu tinha comigo os milhares de Colaboradores da Iron Mountain, do Méqui, da Espaçolaser e da ZAMP.

A propósito, quando liguei para o CEO da Arcos Dourados, ele foi totalmente apoiador de minha decisão e ainda disse: "Confiamos em seu julgamento e sabemos que você é a pessoa certa para nos liderar aí no Brasil, nos representando neste momento". Ele foi sempre um grande exemplo para mim em vários aspectos de liderança e gestão, e aprendi muito, muito mesmo, com ele.

Eu não teria sido capaz de liderar a transformação do Méqui sem o apoio do CEO e do Conselho de Administração da companhia, que me deram a liberdade necessária para liderar dentro da filosofia *freedom within a framework* (liberdade dentro de uma estrutura definida).

Aliás, minha história de admiração por líderes corporativos havia começado bem antes, com o CEO anterior, que me contratou e que me promoveu para CEO do Brasil e que continua sendo para mim uma sólida referência de liderança efetiva.

Ainda hoje, quando olho para os líderes corporativos da Arcos Dourados, aqueles que ficam em Buenos Aires, e também para os líderes no Brasil, penso que há muita gente que eu deveria mencionar, pois foram sempre meus parceiros nesta jornada, e tenho muito que agradecer. Não apenas agradecer às dezenas de líderes corporativos, porque – de verdade – isso tudo só foi possível pelo engajamento dos quase 60 mil Colaboradores do Méqui.

3Ds e o plano para enfrentar a pandemia

Na semana seguinte ao fechamento dos salões dos restaurantes, solicitei a todos a máxima criatividade para solucionarmos o problema. **Foram longos dias e noites com meu Time até que estruturássemos o plano perfeito para salvar a empresa da crise da pandemia.** Renegociamos os prazos com os fornecedores, priorizando alguns gastos, como a folha de pagamento. Pagamos todos da Equipe em dia e adiamos os pagamentos da diretoria da empresa.

Ainda assim, muito mais do que adiar pagamentos, precisávamos jogar fora todos os planos feitos para aquele ano e construir um novo, com toda a Equipe. **Desse esforço conjunto surgiu a estratégia dos 3Ds: delivery, drive-thru e digital.** Investimos pesado em formas de trabalho que garantiriam aos Colaboradores e Clientes a máxima segurança possível sem perder o jeito Méqui de ser. Na época, brincava que **"se a frase não começar com D, deixa**

para depois". A estratégia rendeu frutos e mudou de maneira definitiva a maneira como o Méqui opera no Brasil. **Conseguimos manter os Colaboradores e o funcionamento da empresa mesmo em meio às incertezas da época.**

Foi um momento em que ser empático com os medos dos Colaboradores era uma posição mais forte e mais eficiente do que focar apenas gestão e números. Antes de pensar em resultados, precisávamos garantir que a folha de pagamentos seria honrada e que o Time estaria seguro e bem. Garantir isso reforçou o compromisso do McDonald's com os executantes e nos deu o fôlego de que precisávamos para retomar as atividades com sucesso.

Por fim, podemos pensar em não esquecer os Executantes como um requerimento de comunicação para você, o líder. Não basta desenhar metas sozinho em sua sala e colar os novos objetivos da firma no mural. É **importante compartilhar esses novos objetivos com a Equipe** e auxiliar na compreensão de por que aquilo importa.

Em 2019, fiz um curso chamado "Boards That Lead", da Universidade de Wharton, nos Estados Unidos. Um dos professores que tive nesse curso foi Ram Charan, que escreveu um de meus livros de liderança favoritos: *Execução*. Na obra, o prof. Charan menciona que dois terços das empresas não falham por uma estratégia mal definida, e sim por erros na execução dessa estratégia.[12] **Uma das principais razões para a execução pobre é o baixo engajamento dos Colaboradores, causado pela não compreensão da importância das tarefas para o todo.**

---

12 BOSSIDY, L; CHARAN, R. **Execução**: a disciplina para atingir resultados. São Paulo: Alta Books, 2019.

Você, líder, tem uma visão holística de seu Time. Você sabe como as tarefas de cada Colaborador se relacionam e como a defasagem de um Colaborador pode comprometer o trabalho do todo. O problema aí é: seus Colaboradores não necessariamente sabem disso nem partilham dessa mesma percepção.

Se você não imbui as tarefas e as metas distribuídas para sua Equipe de uma razão clara de ser, seus Colaboradores agirão como se os objetivos que você definiu no planejamento estratégico fossem apenas caprichos da liderança. Você definiu um número e pediu que eles o atingissem. É uma ficção. Agora, se você se comunica de forma objetiva com seus Colaboradores e evidencia que aquelas tarefas foram designadas pensando em conquistar X, Y e Z e que isso importa porque X, Y e Z aumentam a verba da Equipe para promoções ou eventos, ou então libera o tempo da Equipe para a realização de tarefas mais desafiadoras e interessantes, ou contribui para alguma premiação do Time, ou até mesmo para os bônus de final de ano, as tarefas tomam outro sentido.

Não é porque a importância de uma estratégia ou trabalho específico é clara para você, líder, que ela é clara para sua Equipe. **O que é óbvio para você, com bastante frequência, precisa ser dito. É isso que garante que seu Time estará na mesma página que você, com mais chances de partilhar de seu engajamento.**

E nem pense em cometer o erro de agir como se apenas seus subordinados diretos merecessem sua atenção. **Quanto mais alto você está na hierarquia de uma empresa, mais pessoas precisam estar em seu radar – e não menos.** Na Iron Mountain, na Arcos Dourados, na Espaçolaser ou na ZAMP, sempre fiz questão de interagir com todos os níveis de Colaboradores.

É verdade que isso nem sempre é possível, porque não dá nem tempo de falar com todo mundo. Também é verdade que, diversas vezes, você terá de delegar comunicados importantes para a empresa toda a seu Time de comunicação ou às lideranças imediatas de cada setor. Ainda assim, se algum dia você se encontrar na posição privilegiada de CEO, lembre-se deste meu conselho: **converse com todos os Colaboradores que você puder**. Dos diretores aos estagiários; do pessoal do escritório aos funcionários do operacional; dos terceirizados aos encarregados pela limpeza. **Converse com essas pessoas de maneira autêntica e honesta e esteja disposto a ouvir de verdade o que elas têm a dizer.** E esteja também disposto a lembrar a essas pessoas quão sortudo você é por tê-las a seu lado, tornando sua visão uma realidade. **Isso é não se esquecer de seus Executantes.**

06.
Seja autêntico e empático

> "Nenhum homem pode vestir, por qualquer tempo considerável, uma face para si próprio e uma face diferente para as multidões, sem finalmente se confundir quanto a qual delas é sua verdadeira face."
> – **Nathaniel Hawthorne**[13]

O autor estadunidense **Nathaniel Hawthorne escreveu** essa frase no famoso romance *A letra escarlate*. Embora esse clássico não seja sobre liderança, ele ensina uma lição importante sobre o preço que pagamos por ocultar partes de nós apenas para nos encaixarmos melhor em algum lugar. Em determinado ponto, as pessoas ao redor perdem a visão do que somos de verdade, e pior: nós mesmos nos perdemos na tentativa de aparar as arestas para nos tornarmos "mais palatáveis".

E por que isso é um problema para um líder? **Porque uma Equipe não pode prosperar se os integrantes dela – inclusive o líder –**

---

13 HAWTHORNE, N. **The scarlet letter.** Boston: James R. Osgood and Company, 1878. p. 266.

mentem uns para os outros sobre as próprias capacidades, os objetivos e as limitações.

Já imaginou se você tivesse que tomar decisões em sua empresa com base em um orçamento falso? Ou então com base em informações falsas de estoque? É isso que acontece quando você e seu Time tentam tomar decisões uns para os outros com base em personagens construídos com o objetivo de esconder fraquezas e exagerar pontos fortes. Fingir ser algo ou alguém que você não é o torna inautêntico.

O grande problema, principalmente como líder, é: como não fingir hoje em dia? Estamos cercados de fontes que nos dizem o que um líder deve ser. Do Google aos gurus, passando pelo ChatGPT e pelas redes sociais, todos têm uma imagem clara do que é um líder "de verdade". A pessoa líder "de verdade" é impositiva, confiante, bem-resolvida, comunicativa, carismática, analítica, visionária, estratégica, criativa, ouve ativamente, tem plena inteligência emocional, é uma excelente Executante e é ótima em delegar, está em dia com as tendências, é uma boa mediadora de conflitos, é arrojada, desinibida, interessante, com a leitura em dia… **Um super-herói.**

A menos que você seja um super-herói e, perdoe minha incredulidade, mas acredito que você não seja, o único jeito de ser esse líder prometido é fingir. Você até pode ter algumas dessas características, mas todas? Boa sorte. E um dos grandes problemas que vejo líderes sob minha direção enfrentarem, e que já enfrentei, é tentar ser todas essas coisas ao mesmo tempo. **Ser inautêntico. Ser infalível.**

Passar muito tempo pensando nessas características tira seu foco de uma grande lição:

SÃO NOSSAS QUALIDADES QUE NOS DESTACAM, MAS SÃO NOSSAS FALHAS QUE NOS DEFINEM. UM LÍDER QUE DESPERDIÇA SEU TEMPO FINGINDO SÓ TER QUALIDADES, E NUNCA FALHAS, ESTÁ FADADO A ESPERAR ESSE MESMO COMPORTAMENTO DO PRÓPRIO TIME.

E se você exige que seus Colaboradores finjam ser o que não são para atenderem a sua gestão, você não é um líder: você é só um chefe. Ou seja, **você tem o poder do cargo que ocupa, mas não lidera**, de verdade, seu Time.

Para explicar a diferença entre essas duas categorias, chefe e líder, quero contar um pouco de minha experiência. Eu me juntei ao Exército logo depois de terminar o ensino médio, quando cursei técnico de eletrônica. Era meu ano de prestar vestibular e serviço militar obrigatório, então decidi me inscrever no processo para ingressar no Centro de Preparação de Oficiais da Reserva (CPOR-SP).

Lembro-me de ouvir de um colega musculoso de minha classe que já tinha sido soldado: "Você nunca vai passar. Primeiro de tudo, você teria de ter pelo menos 1,80 metros de altura para se tornar Oficial. Segundo, teria de ser brilhante". Bem, talvez tenha havido alguma confusão no processo de aceitação de novos candidatos a Oficiais, porque eu, com 1,72 metros e mais esforçado do que brilhante, ingressei em primeiro lugar no Curso de Intendência.

Faço especial questão de mencionar o "esforçado" muito mais do que o "brilhante" porque nunca me considerei uma pessoa excepcional nesse aspecto. Já no esforço, sim. Vindo de Carapicuíba, **eu tinha uma origem bastante humilde**. Eu estudava bastante

Seja autêntico e empático **105**

e tinha bons resultados na escola, mas, honestamente... com meu conhecimento de mundo na época, meu grande objetivo era me tornar técnico de eletrônica de nível médio em uma fábrica de eletrônicos chamada Semikron, que ficava perto de onde eu morava, porque isso já seria um passo além de meu pai, Seu Pedro, que tinha uma assistência técnica em Barueri. E o melhor? No fim do ano, a Semikron sorteava um carro entre os Colaboradores. Naquela época, era a única forma que eu via de conseguir um carro.

Foi só quando entrei para o CPOR que meus horizontes se expandiram – e muito. Eu podia até falar um ótimo português, mas tive colegas que falavam também inglês, francês, alemão, espanhol... Para mim, era algo de outro mundo. Alguns de meus colegas de curso conversavam sobre viagens a Cancún ou à Europa no final do ano, enquanto a única viagem que eu já tinha feito tinha sido de ônibus para Praia Grande. Muitos de meus colegas iam de carro para o CPOR, enquanto eu tinha de acordar três horas mais cedo para pegar trem e ônibus e, com sorte, chegar na hora.

Conhecer as pessoas que conheci na época e em decorrência de ter me tornado Oficial do Exército, além de viajar pelo Brasil, foi o que expandiu o mundo que eu conhecia e as possibilidades que poderia explorar. Isso acendeu uma chama dentro de mim e me tornou ainda mais esforçado. Eu me tornei, ainda mais, a pessoa que se levantava mais cedo e que se deitava mais tarde de meu grupo. Eu era um daqueles que mais estudava, que mais se desafiava – inclusive quanto à minha própria timidez –, **e todo meu tempo era gasto me preparando para aproveitar as oportunidades que eu tinha certeza de que apareceriam.** E, por sorte, o Exército foi uma grande fonte de oportunidades para mim.

Tive muitos chefes no Exército. Oficiais que falavam duro, puniam de forma exemplar qualquer deslize no estilo "eu mando, você obedece". Pessoas que viam as outras como se fossem somente uma patente ou graduação. **Mas também conheci muitos líderes verdadeiros.** Pessoas que davam coesão ao grupo e que faziam tudo fluir melhor, que viam nas outras qualidades que elas mesmas não enxergavam, e davam a essas qualidades a chance de florescer.

VOCÊ NÃO É SEU TÍTULO

Você não respeita um chefe pelo título que ele carrega. Você respeita um líder por quem ele é. Pensar nisso sempre me lembra de quando entrei para um treinamento de um ano, antes de me tornar VP de Operações do McDonald's.

Por um ano, fiquei em treinamento na operação e passei por todos os cargos que você puder imaginar: fritei batatas, montei hambúrgueres, atendi no caixa e no drive-thru, limpei mesas, banheiro, fui gerente de área, gerente geral... O propósito do treinamento era me dar a visão completa do que era o dia a dia dos Colaboradores.

Todos do Time da loja sabiam que eu estava em treinamento, mas nenhum deles sabia para qual cargo eu estava sendo treinado. Por seis meses, fui o "chefe secreto" no restaurante. Por isso, nossa interação foi, a todo momento, horizontal. Tive que conquistar o respeito deles por meio de meu trabalho, e foi uma das grandes lições de liderança que recebi.

Mais um apelido: o batateiro

Até hoje me lembro de um momento de meu treinamento em que eu era o encarregado da batata. Na época, Débora e eu só tínhamos um carro, e ela e meus filhos, João Pedro e Lucca, passavam para

Seja autêntico e empático **107**

VOCÊ NÃO RESPEITA UM CHEFE PELO TÍTULO QUE ELE CARREGA. VOCÊ RESPEITA UM LÍDER POR QUEM ELE É.

SEJA O LÍDER QUE VOCÊ
GOSTARIA DE TER COMO CHEFE
@OIPAULOCAMARGO

me buscar depois da escola. Sempre que eles chegavam ao restaurante, lá estava eu, fritando batatas. A conclusão para o Lucca, meu caçula, que à época tinha 3 anos, foi natural. Em uma daquelas dinâmicas de profissões, quando a professora dele perguntou aos alunos o que os pais faziam, ele orgulhosamente levantou a mão e disse: "Meu pai é batateiro! Ele frita batatas". Dali em diante, ganhei o apelido na escolinha dele.

Adoro esse caso porque, além de fofo, ele ensina algo importante: eu fritava batatas, mas nunca fui batateiro. Também nunca fui VP nem CEO. Estive batateiro, assim como estive CEO da empresa. Da mesma forma, você não é diretor, nem gerente, nem qualquer outro cargo. Você *está* nesse cargo. Vai aí mais uma lição:

NÃO IMPORTA QUAL É SEU NÍVEL NA HIERARQUIA NA EMPRESA, NUNCA CONFUNDA O QUE VOCÊ É COM O CARGO QUE VOCÊ OCUPA.

NEM SEMPRE O CHEFE ESTÁ CERTO

Eu me lembro de um sábado, nos tempos de Exército. À época, eu era tenente. Era o último dia de matrícula para a faculdade e eu estava em serviço de Oficial de Dia, que é quando um tenente tem de ficar vinte e quatro horas no plantão, sendo responsável pela instalação militar, na ausência do comandante, que normalmente é um coronel. Foi uma semana duríssima. Eu tinha acabado de vir de um exercício de campo e ainda tive um imprevisto familiar que me fez esquecer que aquela era a data final e não podia perder o prazo. Consultei um Oficial mais experiente, que me disse que eu poderia ser substituído por algumas horas sem problemas, desde que alguém ficasse em meu lugar. Então, conversei com outro tenente, que aceitou cobrir o serviço para mim. Um dos sargentos, que era **um tremendo profissional e bastante colaborativo**, ouviu o que estava acontecendo e me ofereceu uma carona, pois meu carro estava em manutenção. É claro que aceitei. Ir de carro facilitaria muito meu percurso e agilizaria meu retorno ao quartel.

Quando saíamos, o sargento e eu nos deparamos com o carro do coronel comandante, que entrava. Não sei se você é versado em hierarquia militar, mas, em resumo: o sargento era meu subordinado e eu, subordinado do coronel. A razão de nossa saída já havia sido explicada a outros oficiais, e eu não estava fazendo nada errado, então pensei que não haveria problemas. É claro que pensei errado.

Na segunda-feira seguinte, tivemos a reunião diária dos Oficiais. O Comandante começou dizendo: "No sábado, tive um péssimo exemplo de liderança. Um de vocês ignorou os círculos da hierarquia do Exército. Como é que você se senta ao lado de um sargento, no carro dele, e espera ser respeitado?".

Para contextualizar, os círculos de hierarquia realmente são um dos pilares do Exército. Fazendo um resumo superficial do que se trata, militares do mesmo círculo têm maior liberdade para interagir entre si porque isso permite entrosamento e camaradagem sem quebrar a hierarquia. Com subordinados, a expectativa é que só existam interações sociais mais pontuais e que os relacionamentos sejam quase exclusivamente profissionais, necessários ao bom funcionamento da Força. Ainda assim, aquilo me chamou a atenção. Uma coisa seria quebrar regras militares e subverter a hierarquia existente entre mim e o sargento, mas ele, tendo visto que eu precisava de ajuda, só me ofereceu uma carona.

Ser superior hierárquico de alguém não significa que você pode destratar as pessoas abaixo de você. **Tal comportamento é a grande marca de um "chefe".** E as pessoas que você destrata respondem a isso. Para elas, você é exclusivamente seu posto. **Quando você não for mais um superior hierárquico, deixará de ter qualquer relevância.**

Foi o que aconteceu em minha vida com esse comandante, que defendia que eu não poderia me relacionar com meus subordinados se quisesse ser respeitado. Para mim, hoje ele é só uma lembrança do que não fazer em posições de comando. **Por sorte, ele não foi minha única referência no Exército.**

Tive também um coronel comandante por quem nutri um grande carinho: o **Coronel Briones. Este, sim, um líder exemplar.** Ele era capaz de entender e exercer a hierarquia sem utilizá-la como uma arma para se autoafirmar. Punia quando era necessário e acolhia quando era possível. Quando ele identificava potencial em algum subordinado, o primeiro instinto era cultivar esse potencial. Sendo um bom líder, ele era um fomentador de novos líderes. Como exemplo disso, posso citar uma conversa importantíssima que tivemos e que ainda hoje tem efeitos em minha vida.

O coronel um dia me chamou e disse: "Camargo, você vai longe. Mas ainda falta 'crescer' um pouco. Vamos fazer o seguinte: vou passar **esta lista de cem livros aqui, que eles vão ajudar".** Vindo do Coronel Briones, que, além de poliglota, já havia sido adido militar do Brasil em diversos países europeus, foi uma lista bastante rica: livros de gestão, crescimento pessoal, geopolítica, filosofia, história, economia, livros lúdicos... todos os livros que ele via como necessários à minha formação. Minha primeira resposta foi a resposta natural de qualquer pessoa que ouvisse isso.

Seja autêntico e empático **111**

"Ih, coronel… cem livros? Não tem uma lista mais curta, só com os mais importantes, não?".

"Olha só, Camargo. Tem, sim. Tem essa aqui, com **os dez livros mais importantes**. Mas, honestamente… se não quiser ler não tem problema. Viaje! Tire umas férias ininterruptas e viaje mais, para conhecer o mundo, que é isso que vai ajudar". O coronel me deu esse conselho por um motivo: ele sabia que ainda me faltava entender o mundo como mais do que só Carapicuíba, Barueri e São Paulo. Não importava que meus colegas de CPOR e Exército já haviam me dado pequenos vislumbres do quão grande o mundo era: em algum momento, você deve descobrir isso por conta própria.

Decidi seguir o conselho e viajar. Viajei por todo o Brasil e depois consegui visitar o exterior. Na época, eu ainda não falava inglês nem outras línguas, mas tive muita ajuda para me programar, inclusive do Coronel Briones e de outro tenente, o Wolkoff, um grande amigo, que me emprestou mapas e deu todas as dicas. Ambos me ajudaram com dicas de roteiros e viagens de trem, e eu viajei. Passei por alguns apertos, como todo viajante solo, mas aprendi exatamente o que o Coronel Briones quis me ensinar.

Foram intensos trinta dias de mochila nas costas. Gastei mil dólares em despesas na viagem inteira, que era o que eu podia gastar. **O restaurante mais chique que visitei naquela viagem tinha um M amarelo na frente…** E valeu a pena: apesar da preocupação com os gastos, a viagem foi sensacional e me fez tomar uma das decisões que moldaram minha vida: **eu queria ser um cidadão do mundo**.

Viajar me mostrou que o mundo era imenso. E para fazer parte desse mundão que se apresentou para mim eu precisava me esforçar mais e ser mais do que era à época. Pude me conhecer melhor e compreender que podia chegar muito mais longe do que jamais tinha imaginado. Vendo que o coronel estava mais do que certo sobre o que eu precisava ao me dar o primeiro conselho, **me decidi e li todos os livros daquela lista**.

O Coronel Briones foi um líder, e não um chefe, porque ele soube humanizar as relações hierárquicas. Ele me contou sobre a vida dele, as experiências que teve e também como passou por desafios antes de chegar ao posto em que o conheci. Ele tentou me conhecer, foi empático comigo de verdade e, ao fazer isso, me engrandeceu.

É claro que ele me chamou a atenção, quando necessário, e é claro que a maior parte de nossas interações tinha caráter profissional, mas isso não o impediu de enxergar o Paulo, e não só o Tenente Camargo. **Não haveria o Paulo Camargo do Méqui, da Iron Mountain, da Espaçolaser, da ZAMP, sem líderes como ele em minha jornada.** Ainda hoje, e em todas as empresas que lidero, levo comigo um dos grandes ensinamentos que ele me deu: **"Somente aqueles que ousam transformam a realidade"**.

RECONHEÇA SEUS LÍDERES QUANDO ELES MERECEREM ISSO

Saí do Exército em 1993. Infelizmente, foi quando perdi contato com o Coronel Briones. Por sorte, tive a oportunidade de reencontrá-lo em 2016, quando eu já estava no Méqui, e pude dizer o quanto ele foi importante para mim. Contei a ele como o que ele me ensinou moldou minha formação, meus sonhos, minha visão de futuro, e agradeci sinceramente que tenha me mostrado como liderar, e não apenas chefiar pessoas. Coronel Briones faleceu em 2022, e a morte dele foi muito sentida por mim e por todos aqueles que tiveram o privilégio de ser liderados por ele.

Optei por dar esses exemplos utilizando meu tempo no Exército não só porque meu tempo lá foi um divisor de águas em minha vida, mas também porque exércitos talvez sejam o maior exemplo de instituição moderna que cultua a liderança "de verdade", na forma mais tradicional. São espaços muito associados a um tipo de chefia autoritária, restritiva, absoluta – distante de tudo que estou dizendo para você que importa, principalmente neste capítulo. Mas nas Forças Armadas também **podemos encontrar lideranças transformadoras**, que vão além do roteiro habitual. Eu, certamente, encontrei.

CRESCER REQUER FEEDBACKS DESCONFORTÁVEIS

Mesmo encontrando lideranças exemplares, posso dizer que replicar o que bons líderes fazem não é só uma questão de os imitar. Vou dar um exemplo, que ocorreu em minha primeira grande avaliação no mundo corporativo. À época, eu era executivo na PepsiCo. Entrei na empresa logo depois de sair do Exército Brasileiro, onde ter convivido com alguns bons líderes me tornou bem confiante em minhas habilidades de liderança.

No entanto, não contei com um problema. Eu sabia identificar quais de meus superiores tinham sido líderes e quais tinham sido chefes, mas não fazia ideia de por que eles eram diferentes entre si. Sendo bem honesto, na época eu achava que a única distinção entre eles era o quão bem eles eram capazes de seguir aquela lista de características do líder "de verdade" que apresentei ao início do capítulo. Isso, e boa educação ao tratar as pessoas. Sendo assim, me esforcei para manifestar todos os traços de líder daquela lista.

Para mim, não importava que eu ainda estivesse na faixa de meus vinte e poucos anos. Ora, eu já tinha comandado um pelotão de soldados e tinha sido o encarregado pela logística de alimentos para mais de seiscentas pessoas por dia. **Tinha visto grandes líderes em ação.** Ser um executivo à frente de um Time de algumas dezenas de pessoas parecia moleza.

Parecia moleza até eu receber o primeiro feedback 360° da empresa. Superiores, subordinados e colegas de diversas áreas me avaliaram. Nada de "incrível, transformador, mudou minha vida!". **Minha avaliação dizia: arrogante, fechado, arbitrário, prepotente.**

Meu mundo caiu naquele dia. Não era assim que eu me enxergava. Não que eu me visse como o melhor líder do mundo, mas foi um choque de realidade. Eu queria poder dizer que tudo se resolveu depois dessa avaliação ou que tive uma epifania ao receber esse retorno de meus colegas e que no dia seguinte já tinha me tornado um líder esclarecido e autêntico, mas não.

Melhorei, é claro. Não queria levar outro puxão de orelha. Mas grande parte de minha forma de melhorar foi investir ainda mais pesado nas características do líder "de verdade" que comentei aqui. Para propósitos de avançar nas avaliações até deu certo, mas para propósitos de conexão com meus Times nem tanto. **Eu tinha me tornado um excelente chefe, mas ainda era um líder medíocre** – e eu sabia disso.

Ainda assim, é importante que eu faça uma concessão: nem tudo em minha liderança, mesmo naquele tempo confuso, foi um problema. Mesmo sendo mais chefe do que líder, aprender com os bons exemplos a meu redor permitiu à minha liderança brilhar em alguns momentos. Eu podia não ter descoberto o segredo para conexão genuína com todos os meus Times, mas ela acontecia de vez em quando. Afinal, mesmo um relógio quebrado marca a hora certa duas vezes ao dia.

Seja autêntico e empático **115**

Ainda recebo mensagens de alguns dos soldados e dos funcionários da Equipe que pude ajudar naqueles anos. **Eles querem que eu veja quão longe eles chegaram** e me agradecem algum ensinamento, alguma conversa, algum encorajamento que dei enquanto trabalhávamos juntos. Não me lembro de tudo que disse a eles e nem sempre sei se o que disse que é digno de um agradecimento, mas hoje acho que sei por que eles se lembraram de mim. Foram os momentos em que o Paulo Camargo de verdade apareceu e se conectou com a pessoa do outro lado da mesa. Isso só é possível com autenticidade.

E isso se deve a um motivo óbvio: para se conectar de verdade, as pessoas precisam confiar em você. **Para confiar, as pessoas precisam conhecer você, e para conhecer você as pessoas precisam ver seus lados bons e ruins. É necessário que você seja vulnerável** e compartilhe coisas que não se conformam com a imagem infalível que você gostaria de projetar. E, é claro, é importante abrir as portas para que seu Time também possa replicar isso com você. Isso é ser autêntico.

CONEXÃO REAL SÓ É POSSÍVEL COM AUTENTICIDADE.

É difícil imaginar aquele líder "de verdade" do Google, do ChatGPT, sendo associado a "vulnerabilidade", não é? É um termo ao qual resisti muito, devo admitir. Em uma parte expressiva de minha jornada como executivo, tentei ser o líder super-herói invulnerável. Nada me abalava – na superfície. E era esse "inabalável" que recebia feedbacks de "arrogância" e "prepotência".

É engraçado, hoje, pensar em como esse comportamento não ficou restrito a meu lado profissional. Quando você cultiva a inautenticidade, ela tem uma capacidade perniciosa de invadir todas as áreas de sua vida. E, da mesma forma que eu era incapaz de ser vulnerável diante de minhas Equipes, era incapaz de ser vulnerável em minha vida pessoal.

"Eu te amo"

Por muitos anos, fui incapaz de dizer as palavras "eu te amo". Nunca tinha dito essas palavras para minha mãe nem para meus irmãos ou meu pai. Até mesmo para o amor de minha vida, minha esposa Débora, eu era incapaz de dizer "eu te amo". Era também incapaz de chorar. Eu queria mostrar como era um homem confiável, forte, líder – e isso fez que eu trancasse todas as partes de mim que não via como à altura desse papel.

O Seu Pedro

Hoje vejo como isso foi um problema. Em minha tentativa de ser infalível para as pessoas dentro e fora de meu trabalho, me afastei do **mais importante exemplo de boa liderança que tive e que foi, coincidentemente, meu primeiro: meu pai**. Meu pai, Seu Pedro, tinha uma assistência técnica no centro de Barueri. Era um homem de ética profissional impecável e, ao mesmo tempo, extremamente carinhoso e empático.

No auge de meus 35 anos, eu não estava me tornando um homem como meu pai. Não me leve a mal: eu também me preocupava muito com minha ética profissional. Esse foi um legado de meus pais que sempre me acompanhou. Mas eu tinha dificuldade com a empatia. Só é possível ter empatia se você se permite sentir as coisas, e eu, inabalável, não me permitia.

Por sorte, tendo tido boas referências de liderança, eu sabia que alguma coisa estava errada na maneira como eu agia, mas ainda não

Seja autêntico e empático **117**

tinha percebido a faísca para impulsionar minha mudança. Até que a Débora me falou que estava grávida, e começamos a nos preparar para receber nosso primeiro filho, o João Pedro.

Filhos mudam tudo. Desde o momento em que o João Pedro nasceu, eu quis com todas as minhas forças que ele conquistasse mais do que eu e fosse melhor do que eu. Eu queria ser, ao lado da Débora, a melhor pessoa para guiar o João Pedro, educá-lo e ajudá-lo a navegar por este mundo complicado em que vivemos. Em outras palavras, eu queria ser um bom líder para meu filho. **O bom líder cobra disciplina, mas também cuida.** O bom líder, nesse sentido, é como um bom pai.

Talvez também tenha sido a paternidade que transformou o Seu Pedro na grande referência que tive enquanto crescia. E foi minha paternidade que me fez explorar como meu pai poderia me tornar um líder melhor. Só que ainda faltava trilhar essa estrada que, finalmente, tinha se tornado clara para mim. Afinal, com a paternidade, a liderança e todas as outras habilidades da vida, não há uma virada mágica de chave. Há um compromisso diário.

Eu estava mais do que decidido a arcar com esse novo caminho, mas ainda estava receoso quanto a dar os primeiros passos. Para ter um objetivo, escolhi o primeiro marco em meu percurso: **vencer meu bloqueio de dizer "eu te amo".** Dizer essas palavras se tornou representativo de meu desafio, pois naquela época, por mais que eu quisesse, não conseguia fazer isso de maneira sincera.

Enfim, pedindo ajuda ao terapeuta

Resolvido, busquei indicação de um terapeuta. Fui ao profissional mais recomendado por meus amigos. Era uma sala bonita em um bairro nobre de Curitiba, no Paraná. Ele era um homem sério, um pouco mais velho que eu. Desde o primeiro momento, quando falei o que me afligia, ele me direcionou ao divã. Na primeira sessão, eu falava e ele balançava a cabeça. Depois de 45 minutos, perguntei: "E aí, doutor? **O que eu faço?**". Ele me olhou e disse: "Tenho um horário livre na quinta. Quer voltar?". Empenhado em superar meu novo desafio, respondi que sim. Na quinta, durante a segunda sessão, eu já estava em agonia. Eu falava, falava, falava, e ele só balançava a cabeça! Depois de alguns momentos, eu disse: "Por favor, me fale o que fazer para resolver meu problema".

Ele retirou os óculos, abaixou a prancheta em que fazia as anotações e me disse: "Você sabe o que fazer, Paulo. Você soube o que fazer esse tempo todo, mas parece empenhado em colocar novos obstáculos em seu caminho. É mais fácil colocar a culpa em alguém, não é? Agora, o culpado sou eu. Vamos fazer o seguinte, vou facilitar para você. **Você tem duas escolhas: ou resolve isso de uma vez e fala a seu filho que você o ama, ou admite sua incompetência com seus sentimentos e como pai e deixa esse problema para ser resolvido na próxima geração**".

Se você já fez terapia, tenho certeza de que já teve um momento desses. Um momento em que as palavras parecem um tapa na cara e fazem você se sentir completamente exposto. O pior de tudo é que ele tinha razão. Naquela noite, quando tive certeza de que a Débora já tinha dormido, me levantei silenciosamente e fui ao berço de meu filho.

Fui na ponta dos pés, porque "Deus me livre" acordar um bebê recém-chegado de madrugada, e disse: **"JP, eu te amo!". A primeira vez saiu bem baixinho, mas logo eu repeti: "JP, eu te amo. Eu te amo, meu filho!"**. A partir da manhã seguinte, me esforcei para dizer isso à Débora também. E desde então passei a dizer com frequência que amo as pessoas que importam para mim. A partir daquele momento, me senti mais completo, mais humano, com mais amor.

Parece estranho, mas foi esse meu ponto de virada como líder. **Para mim, me tornar um líder melhor passou por eu me tornar um pai e um marido melhor.** Isso não significa que você precisa esperar até encontrar o amor de sua vida e ter seu primeiro filho para se tornar um líder melhor, é claro. Minha jornada envolveu meu casamento e a paternidade, mas a grande questão por trás disso tudo foi **aprender a liderar a mim mesmo**.

Liderar requer conhecer de verdade seu liderado, e foi isso que tive que fazer comigo, por meio da terapia. Tive que estabelecer metas claras, me comunicar comigo mesmo de maneira empática e transparente, me encorajar em direção a meu objetivo. E, é claro, tive que me repreender e mudar de curso quando percebi que o que eu estava fazendo não era o suficiente.

Você só vai se tornar um bom líder de outras pessoas quando for um bom líder para si mesmo. Quer um caminho simples, ainda que não fácil, para ser mais vulnerável com os outros? Aprenda a ser vulnerável com você mesmo. Sabe aquela sua voz interna? Permita que ela mostre a você suas limitações, seus medos, suas incertezas. O segredo aí é filtrar essa voz para que ela seja um feedback útil e empático, e não um discurso de autodepreciação. Deixe que ela fale com você da forma como falaria com alguém com quem você se importa.

E se parecer que existe um bloqueio a qualquer uma dessas coisas e você não souber por onde começar? Bem, deixe-me pegar emprestadas as palavras de meu terapeuta: você sabe o que fazer, mas por algum motivo quer colocar mais obstáculos em seu caminho.

VOCÊ SÓ VAI SE TORNAR UM BOM LÍDER DE OUTRAS PESSOAS QUANDO FOR UM BOM LÍDER PARA SI MESMO.

SEJA O LÍDER QUE VOCÊ GOSTARIA DE TER COMO CHEFE
@OIPAULOCAMARGO

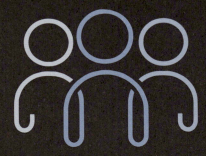

Ou você resolve isso agora, ou assume sua incompetência e deixa o problema para a próxima geração de gestores que tomarão seu lugar.

Nos tempos de McDonald's, muitas pessoas me perguntavam como era liderar 60 mil Colaboradores. Minha resposta era sempre a mesma: **"Não sei. Quando lidero, falo com um deles de cada vez e momentaneamente me esqueço dos outros 59.999"**. Você é único, assim como cada um de seus Colaboradores. Transformá-los em números em uma planilha só vai fazer você desperdiçar todo o talento que seu Time já tem a oferecer.

Cabe a você, muitas vezes, encontrar esse talento. Enquanto líder, você terá uma posição privilegiada para acompanhar seus liderados. A maioria absoluta das pessoas com as quais você vai trabalhar estará acostumada com chefes, e não com líderes. Muitas dessas pessoas jamais terão tido contato com alguém que reconhece os próprios limites e que genuinamente se esforça para conhecê-las como profissionais e como pessoas. Elas não serão capazes de contar o que fazem de melhor.

LIDERAR É ENXERGAR O INVISÍVEL

O líder é também aquele que enxerga o "invisível" e encontra esses talentos. O Coronel Briones, por exemplo, foi uma das pessoas que fez isso comigo por meio de nossa conexão e me encorajou na direção certa. Meu pai fez isso comigo durante muitos anos, construindo dentro de mim a bússola profissional e moral que me guia e me ensinando a ouvir as pessoas a meu redor. E hoje tenho a felicidade de fazer isso com outros profissionais que passam por minha gestão.

Conhecer melhor seu Time permite fazer investimentos e alocações de pessoal mais assertivos, que aproveitem melhor os talentos de cada um. Estar acessível e próximo de sua Equipe é o que dará a seus Colaboradores a confiança para o corrigir quando você estiver errado. É o que vai dar a eles a abertura para se comunicar melhor com você sobre quaisquer questões profissionais ou pessoais que possam surgir, e a partir dessa abertura você tem o grande potencial de transformar para melhor as pessoas que o cercam. Será nesse momento, quando você for uma parte real da vida das pessoas que comanda, que você se tornará um bom líder.

A PESSOA LÍDER DE VERDADE, SEM SER AQUELA DO GOOGLE, DO CHATGPT E DOS MODELOS TRADICIONAIS, É AUTÊNTICA, É VULNERÁVEL. ELA SE PERMITE FALHAR E CULTIVA OUTRAS LIDERANÇAS AO REDOR. ELA É RESPEITADA POR QUEM ELA É, E NÃO PELO POSTO QUE OCUPA. QUALQUER OUTRA COISA É APENAS MAIS UM CHEFE.

07.
Terceirize suas fraquezas

No Capítulo 4, tratei um pouco de como o feedback negativo que eu havia recebido dos Franqueados, dos Colaboradores e dos Clientes quando ainda era CEO do Méqui fez que eu estruturasse, junto a meu Time, um projeto de modernização da marca McDonald's chamado McEvolution. Isso aconteceu de verdade, mas não tão rapidamente quanto posso ter dado a entender. E foi uma conquista de todo um Time. Para conseguir estruturar o McEvolution, precisei encontrar colegas de Equipe excelentes e confiar que eles seriam capazes de conduzir melhor do que eu algumas partes importantes do plano. **Eu terceirizei minhas fraquezas.**

Estou pegando o termo **"terceirização de suas fraquezas"** emprestado de um grande amigo, o Sergio Chaia. Foi dele que ouvi pela primeira vez essa expressão e, desde então, a adotei quase como um mantra que me ajuda a compreender que posso me completar nas forças do outro.

Terceirizar fraquezas é delegar partes do trabalho a pessoas mais qualificadas do que você. É reconhecer que você, apesar da posição de liderança, também tem limitações, seja de tempo, seja de habilidade para executar certas funções. Depois disso, é preciso rechear seu Time de pessoas que complementam você nesses pontos.

A questão é que eu estava concentrando muito o trabalho em mim mesmo, tentando segurar todas as pontas por conta própria. Embora ao final de minha gestão como CEO alguns Franqueados dissessem que estávamos no melhor momento do Méqui, no primeiro ano da minha gestão, era diferente. Lembro-me com clareza de me sentar em uma reunião dos Franqueados e ouvir, de um deles, que estávamos no pior momento da empresa no Brasil.

Foi aí que percebi que estava tentando fazer coisas demais sozinho. Eu precisava com urgência de um Time de alta performance, mais do que só de craques em minha diretoria. Por sorte, consegui o melhor dos dois mundos: craques que sabiam jogar em Equipe e que partilhavam minha visão.

MAIS DE MIL CEOS

Eles não foram só meus liderados: foram outros líderes que me ensinaram muita coisa e em cujo desenvolvimento tive o prazer de ajudar, para que pudessem levar o projeto mais longe. E eles, como líderes, tiveram a missão de desenvolver mais lideranças, e assim sucessivamente. Parte da estratégia, ao construir a gestão modernizada da empresa, foi colocar os gerentes dos mais de mil restaurantes como as lideranças mais importantes do Méqui. Criamos um slogan: **o Gerente do Restaurante é o Número 1**. Usávamos até a hashtag #número1 nas postagens em mídias sociais. Essa estratégia nos tornou imbatíveis: **a empresa não tinha mais um CEO – eu contava, então, com a ajuda de mais de mil CEOs espalhados pelo Brasil**. E o melhor era que todos estávamos juntos por um ideal: transformar a experiência de Colaboradores e Clientes.

Uma das reclamações que recebíamos dos Colaboradores nas pesquisas internas que conduzíamos era sobre o modelo de gestão arcaico da companhia – no modelo "um manda e o outro obedece". Esta foi uma das soluções: criar Times, seja nos espaços corporativos, seja nas lojas do McDonald's espalhadas pelo país, que **tivessem**

lideranças mais empoderadas, mais autônomas, capazes de assumir riscos calculados e, inclusive, de terceirizar fraquezas.

O Comitê de Gerentes

Pensando nisso, criamos o Comitê de Gerentes, fórum em que um grupo de representantes dos restaurantes do país inteiro tinha acesso aos diretores de cada área e podia oferecer sugestões, críticas e se comunicar diretamente com eles. Era como se os gerentes de restaurante estivessem avaliando a performance de cada parte da organização, já que essas áreas eram "prestadoras de serviço" para o campo.

Houve atritos, em um primeiro momento? É claro que sim. **Toda grande mudança gera desconforto.** Ainda assim, com o tempo, os comitês provaram o valor que tinham: na matriz, recebíamos feedbacks valiosos diretamente dos CEOs nas linhas de frente do negócio e os utilizávamos para tomar decisões mais assertivas, bem como para compartilhar melhores práticas entre os restaurantes mais rapidamente. Esse modelo de comitê funcionou tão bem no Méqui que foi uma das estratégias que decidi levar para a Espaçolaser.

É importante tirar um momento aqui para pensar em quão poderoso isso é. Agora vamos falar de liderança, mas usando ciência. Primeiro, multiplicar líderes é uma vantagem matemática que você pode dar à sua Equipe. Se você é o único líder, seu impacto cresce em progressão aritmética. Se você cultiva novas lideranças, seu impacto cresce em progressão geométrica.

Quando você usa essa multiplicação como forma de terceirizar fraquezas, isso se torna ainda mais poderoso. Trata-se da ideia de que você, líder, também tem fraquezas e nem sempre é a melhor

SE VOCÊ É O ÚNICO LÍDER, SEU IMPACTO CRESCE EM PROGRESSÃO ARITMÉTICA. SE VOCÊ CULTIVA NOVAS LIDERANÇAS, SEU IMPACTO CRESCE EM PROGRESSÃO GEOMÉTRICA.

SEJA O LÍDER QUE VOCÊ GOSTARIA DE TER COMO CHEFE
@OIPAULOCAMARGO

pessoa para conduzir uma tarefa ou conjunto de tarefas específico. Esse é um exercício de humildade e, consequentemente, de humanidade. Ainda assim, esse exercício tem um efeito incrível que ultrapassa, em muito, os benefícios de delegar melhor as funções.

Quando você, líder, começa a reconhecer suas próprias limitações, você cria um ambiente de trabalho em que ter limites é aceitável, em que errar é aceitável, no qual pode reconhecer que você não é a melhor pessoa para determinada função e pedir ajuda. **Isso é uma conquista de valor imensurável para você e seu Time.**

Quem diz isso não sou eu: é o Projeto Aristóteles,[14] conduzido pela Google, em 2012, para descobrir quais eram as características que faziam Times trabalharem melhor. As hipóteses iniciais dos pesquisadores para o porquê da alta performance dos Times eram, por exemplo, o maior número de pessoas altamente qualificadas, a existência de amizades para além do trabalho entre os membros do grupo e a boa organização das tarefas. Depois de meses de pesquisa, nenhuma dessas hipóteses era compatível com os dados que haviam sido coletados.

Os pesquisadores resolveram formular novas hipóteses, não mais relacionadas aos indivíduos do grupo, mas sim às dinâmicas deles dentro do grupo. A pesquisa se voltou para as normas e os combinados implícitos de cada Equipe e como as pessoas se comportavam como Time. Surgiram, então, novas perguntas: os Times com melhor desempenho são aqueles em que só uma pessoa fala;

---

14 DUHIGG, C. What Google Learned from its quest to build the perfect team. **The New York Times Magazine**, 25 fev. 2016. Disponível em: https://www.nytimes.com/2016/02/28/magazine/what-google-learned-from-its-quest-to-build-the-perfect-team.html. Acesso em: 28 mar. 2024.

são aqueles em que todos falam, mas em ordem; ou aqueles em que todos falam, inclusive se interrompendo? São aqueles em que as reuniões são curtas e objetivas ou longas e se estendem para um happy hour? São Times em que as pessoas são exclusivamente profissionais ou Times em que elas conversam sobre temas pessoais? Ou, ainda, são Times em que todos concordam ou Times em que as pessoas discordam bastante?

Depois de mais alguns meses pesquisando os 51 mil Colaboradores da Google àquela época, os pesquisadores chegaram a cinco fatores que diferenciavam as Equipes mais produtivas e felizes das Equipes com piores resultados e menor satisfação: **os Times com melhor desempenho são aqueles que garantem segurança psicológica, confiabilidade, regras e metas claras, significado e impacto.** Todas essas categorias, em algum formato, estão contidas neste livro, mas aqui quero que foquemos "segurança psicológica" e "confiabilidade".

Segurança psicológica em um ambiente de trabalho é a sensação de que você pode manifestar opiniões, divergências, emoções e experiências de maneira segura, sem que seja alvo de constrangimento, retaliação ou rejeição. É saber que, se você discordar da decisão de um superior e questioná-la, ou se você tiver dificuldade de executar determinado trabalho e pedir ajuda ou, ainda, se estiver em um mau dia por motivos pessoais e solicitar algum alento profissional, você será ouvido sem correr o risco de isso atentar contra seu profissionalismo e sua posição na Equipe.

Quando você constrói um Time em que é natural admitir as próprias fraquezas, casando tanto a autenticidade quanto a terceirização de suas fraquezas, você cria um ambiente seguro para que as pessoas busquem proteger o resultado que a Equipe almeja, e não o próprio ego. **A partir do momento em que se torna aceitável e esperado pedir ajuda, em que há liberdade para questionar escolhas e decisões do líder (sempre de forma respeitosa, é claro) e em que se torna possível ver e tratar os colegas de Equipe como seres humanos, e não como competidores ou máquinas, aí sim surge um ambiente que proporciona segurança psicológica.**

"Vocês são pagos para errar!"

E é óbvio que isso cria Equipes melhores! É impossível aprender sem errar. O erro nunca é uma linha de chegada: ele é mais um passo que você dá em direção ao sucesso. Se você cria um Time que tem medo de errar – e isso inclui você –, você cria um Time incapaz de crescer.

Tive que fazer todo um discurso sobre isso para meu Time de gerentes da Arcos Dourados quando implementamos a fase dos mil CEOs e a meta de mais segurança psicológica pelo McEvolution. Eu me lembro de andar pelo palco de um auditório lotado, olhar para os gerentes e gritar: **"Vocês são pagos para errar! Vocês são pagos para errar!"**. E depois de deixar isso ecoar um pouco, eu abria um sorriso maroto e dizia: "Só peço uma coisa: que vocês acertem mais do que errem".

Mais do que só reafirmar essa mensagem aos gerentes, eu a estava reafirmando para mim mesmo. Eles seriam os terceirizados a quem eu confiaria minhas fraquezas enquanto CEO, e queria que eles tivessem a mesma oportunidade que eu tive de contar com o apoio dos colegas e dos subordinados.

Além da segurança psicológica, outro ponto encontrado pelo Projeto Aristóteles da Google que se relaciona intimamente com a terceirização de fraquezas é a confiabilidade nas Equipes. Não há mistério para a confiabilidade no ambiente de trabalho: é a sensação de que você pode confiar nas pessoas a seu redor para cumprir os combinados feitos e entregar as tarefas delegadas.

Uma pessoa que não é confiável fere o moral de todo o Time. Como já abordamos, a pessoa não confiável é quem faz a jangada girar – e a tira de rumo. A notícia feliz aqui é: terceirizar suas fraquezas e estimular a segurança psicológica são ótimas formas de alimentar a confiabilidade dentro de seu Time.

A grande razão para isso é que a cultura de apoio e segurança psicológica cria entre os integrantes de um Time o hábito de pedir ajuda nas tarefas que eles não acreditam ser capazes de realizar sozinhos e cria também a disponibilidade para ajudar colegas em tarefas nas quais eles sabem que podem contribuir. Isso diminui as chances de qualquer Colaborador se sentir sobrecarregado por uma atividade que não consegue cumprir e dá uma chance de cada Colaborador mostrar os próprios talentos. Se você sabe que pode contar com as pessoas a seu lado e com seu líder da mesma forma que eles contam com você, há um estímulo bastante reduzido para que a pessoa descumpra as próprias atribuições; logo, existe mais confiabilidade.

Não é um problema que você não seja excelente em todas as funções; só é um problema se você assumir uma função que outra pessoa teria feito melhor e seu Time tiver que pagar o preço por seu ego. Saber em que e como você se destaca é uma das grandes habilidades exigidas pela liderança, o que tornará você memorável e especial.

Por favor, não me entenda errado: essa não é uma defesa fatalista de que você deve aceitar seus defeitos como eles são e acabou. Não! Você deve sempre trabalhar em você mesmo e se empenhar para ser uma pessoa e um líder melhor a cada dia. O ponto delicado aí é: ser uma versão melhor de você a cada dia não requer que você seja o melhor em tudo, todos os dias. Ser um líder é cultivar pessoas a seu redor para que elas também sejam a melhor versão delas a cada dia, porque são elas que vão complementar você naquilo que ainda falta. Terceirizar suas fraquezas, além de tudo que já comentamos, é uma forma de treinar seu Time para completar você cada vez mais.

Um coach argentino que acompanho trata de algo que acho muito importante: o "olvido" – o esquecimento. Segundo ele, todas as crianças são puros potenciais. Podemos encarar a vida sabendo que 100% dela está a nosso alcance e podemos ser qualquer coisa. À medida que crescemos, esse potencial cai rapidamente. Quando nos tornamos jovens adultos, na faixa dos 20 anos, esse potencial já está em cerca de 20%, talvez menos. A grande sacada dele é que nosso potencial, na realidade, é sempre 100%. Nós é que nos esquecemos do que somos capazes.

Quando digo que o líder tem de treinar as pessoas que estão subordinadas a ele, quero dizer que, por vezes, é papel do líder lembrar essas pessoas de todo o potencial que elas têm. Lembrá-las de que elas podem aprender novas habilidades, assumir novos desafios e encarar novas áreas – e nunca é tarde para isso. E nada complementa tão bem uma pessoa com potencial quanto um líder que dá a ela oportunidades de crescer e que permite que ela erre em um ambiente seguro. **Quando você e seu Time aprendem a terceirizar fraquezas, vocês se tornam a rede de segurança uns dos outros para crescerem juntos e arriscarem voos cada vez mais audaciosos.**

Foi o que tive o prazer de fazer com a diretoria da Arcos Dourados. Nos primeiros anos como CEO, enquanto ainda estávamos gestando o McEvolution, troquei boa parte da diretoria. Isso não quer dizer que os profissionais que saíram não eram bons profissionais. Pelo contrário: muitos foram importantíssimos para a jornada de quarenta anos do McDonald's. Reconheço o legado deles e sou muito grato por tudo que construíram. Entretanto, o perfil necessário para fazer algo diferente era outro. Não precisávamos só de excelentes profissionais nessas posições, precisávamos de um Time bem-articulado e com os mesmos objetivos, sonhos e visão.

É como no futebol: não adianta ter todos os craques em seu Time e achar que ele obrigatoriamente vai jogar bem. Você precisa escolher excelentes jogadores que também sejam excelentes jogadores em Equipe. Depois que encontra essas pessoas, você precisa treiná-las em grupo, para que tenham o melhor entrosamento possível em campo.

Você não precisa ensinar o Messi a jogar futebol, mas precisa ensinar o Messi a jogar junto de seu Time, na posição em que você precisa dele. É claro que você não vai colocar o Messi no gol, mas ainda mais importante do que o talento individual dele é o entrosamento que ele terá com a Equipe.

Vale tudo, mas evite o "eu discordo"

Antes de estarmos todos na mesma página, tive que me esforçar para conquistar essas pessoas para o Time que eu estava construindo. Poderia facilmente promovê-los para a posição que eu tinha pensado, mandar e desmandar da forma como achasse mais adequada ao momento corporativo, mas não era o que eu queria fazer. Eu queria essas pessoas pelas ideias delas, pelas experiências, pelos talentos – com todas as implicações que isso traria.

Isso significou várias reuniões com egos aflorados, discussões bastante intensas, divergências profundas sobre cursos de ação, alocação de orçamento, estratégias... E a empresa se tornou mais forte por causa disso. As vozes dissonantes dos diretores não eram um desafio à minha posição ou à minha autoridade, eram opiniões sinceras de excelentes profissionais que partilhavam de minha vontade de conquistar um resultado. Quanto mais divergíamos (em um ambiente em que isso era respeitado), mais aprendíamos e melhores e mais polidas se tornavam minhas decisões.

Eu sabia que tinha montado um **Time de altíssima performance** naquela época. Exatamente por isso eu optava por papéis menos ativos no início das reuniões. Eu dava a pauta e pedia apontamentos. E aí, por um bom tempo, deixava os diretores e os gerentes presentes na reunião conversarem sobre o assunto. Eu fazia perguntas, pedia esclarecimentos, provocava as pessoas que estavam caladas a se manifestarem e deixava o grupo fazer a mágica.

Há alguns anos, recebi um depoimento de um Colaborador que trabalhou no Méqui. Gabriel era um dos gerentes de marketing e saiu, em determinado momento, para se tornar diretor de marketing de outra grande marca multinacional. Como era meu costume na época, entrei em contato com ele, aproveitando que ele estava de saída e não teria nada a perder, e pedi o feedback mais honesto que ele poderia me dar sobre minha atuação.

Gabriel, que eu chamava carinhosamente de Gaba, me disse: "Em reuniões, você sempre ouviu muito e falou pouco. E, quando falava, era querendo saber mais, fazendo perguntas, fazendo que as respostas fossem cocriadas pela Equipe. Em minhas primeiras reuniões como gerente, isso me irritava! **Eu pensava 'Poxa, esse é o CEO! O trabalho dele é decidir, e não ficar perguntando'.** Mas aí, Paulo, depois de alguns meses de reuniões nesse formato,

Terceirize suas fraquezas **135**

comecei a perceber como as ideias ficavam melhores. Como todos começamos a crescer. E aí, mais ainda, ficou claro que você decidia, sim. Você só optava por nos fazer render mais e colaborar mais antes de bater o martelo".

Eu adoraria dizer que tudo que o Gabriel me disse tinha sido friamente calculado, mas era só meu estilo. Depois que ouvi essa descrição, isso se tornou uma estratégia consciente para extrair ainda mais ideias e valor de minhas Equipes.

Algo que acho que contribuía para esse cenário em que todos constroem com todos, terceirizando as fraquezas na reunião, era minha regra de que tudo era válido, **menos dizer "eu discordo"** ou similares. Caso alguma das pessoas na reunião quisesse discordar de outra pessoa, portanto, teria de apresentar alguma ideia alternativa, sem levar a conversa do grupo para um lugar de discussão. **Nossa meta era sempre o diálogo.**

DIÁLOGO *VERSUS* DISCUSSÃO

Quando Times discutem, é um contra o outro. **Sempre haverá um ganhador e um perdedor.** Você quebra a ideia de unidade e propósito comum e permite que as pessoas se digladiem sem um resultado claro que não a vitória do ego de algum dos envolvidos. **Com o diálogo, por outro lado, você abre as portas para a criação conjunta de novas perspectivas e caminhos a seguir. Ambos ganham.** Ainda que as pessoas discordem, elas são forçadas a fazê-lo por meio de ideias novas, e não da negação das ideias alheias. Dessa forma, tudo que elas têm a dizer se torna um novo ingrediente para ser trabalhado pelo grupo.

A grande vantagem de terceirizar suas fraquezas e construir uma cultura de apoio mútuo é que isso pode ser replicado em diversos níveis. Pensando nos Comitês que apresentei antes, por exemplo, isso ficava claro: tínhamos comitês que juntavam diretores, gerentes e Franqueados em grupos temáticos. **No caso dos Franqueados, eles tinham a oportunidade de dar ideias e sugestões para a melhoria do sistema. Eram excelentes em cobrar, mas também em colaborar com o negócio como um todo.** Cada área tinha um comitê, e assim partilhávamos as decisões. Eram foros em que todos compartilhavam opiniões para estruturar produtos, campanhas e processos melhores. Articulávamos toda a Equipe, com talentos diversos e visões particulares de partes do negócio, para crescermos juntos.

Sei que aprendi e tenho muito a aprender com os Colaboradores, diretores, conselheiros e Franqueados, e conto com a ajuda deles para construir empresas melhores para todos. **Ao terceirizar minhas fraquezas, pude passar a contar com a força de muitas outras pessoas para nos levar ainda mais longe.**

08.

Desestruturar para potencializar

O líder é a pessoa que forja novos caminhos, e isso exige ousadia. Em sua vida como líder, **você precisa ser ousado** o suficiente para enfrentar o *status quo* e encontrar as melhores rotas para o futuro de sua Equipe. Isso significa, muitas vezes, que você vai precisar enfrentar o desconhecido e ter a coragem de mudar as coisas que não funcionam, bem como as coisas que funcionam.

Principalmente no mundo corporativo, há uma facilidade muito grande de nos apegarmos àquilo que é comprovado e que todos fazem. Recebemos tantos relatórios e pesquisas todos os dias, que é difícil imaginar qualquer decisão corriqueira que não tenha sido validada por pelo menos uma Equipe antes de ser tomada. Novos produtos são elaborados testando o mercado pelo que ele gosta e quer. Novas políticas corporativas levam tempo para ser implementadas porque ninguém quer ser o primeiro a testar algo que tenha chance de dar errado.

Meu papel neste capítulo é dizer que, embora os dados, as pesquisas e o caminho das pedras já consolidado sejam importantes, eles não são tudo – **e é seu papel como líder abrir novos caminhos para sua Equipe desbravar**.

Mesmo os produtos de maior popularidade, mesmo os Times de maior performance, mesmo as marcas de maior projeção podem se tornar complacentes com o próprio sucesso e estagnar no crescimento. Se você só aposta naquilo que é seguro, no "sempre foi assim", você nunca terá resultados diferentes e extraordinários. **Às vezes, é necessário desconstruir para erguer algo novo.**

É MELHOR NÃO PERGUNTAR

É difícil pensar em um exemplo maior para representar esse ensinamento do que o momento em que, à frente da Arcos Dourados, meu Time e eu conduzimos **a mudança da marca McDonald's do Brasil para Méqui**. Para fazer isso, precisávamos de um número imenso de permissões. Portanto, tomamos a única decisão possível: não pedimos permissão. Até porque, se tivéssemos pedido, você sabe qual teria sido a resposta...

Quando realizamos com os Clientes as pesquisas que antecederam o McEvolution, o objetivo era entender de verdade os motivos pelos quais as filas do McDonald's estavam diminuindo. Ouvir aquela Cliente dizer "Ainda gosto do McDonald's, mas sinto que o McDonald's não gosta mais de mim" foi doloroso o suficiente para nos fazer repensar mesmo os elementos mais basilares da empresa.

Tínhamos 2 milhões de Clientes por dia que talvez estivessem sentindo aquele mesmo abandono, e não desistiríamos deles tão facilmente. Da vontade de reconquistar mais do que só o consumo, mas principalmente o afeto dos Clientes, surgiu a ideia de assumir o nome Méqui. E digo "assumir" porque já era assim que os Clientes chamavam – e em todo o Brasil!

A ORIGEM DO NOME MÉQUI

A inspiração original para essa ideia ousada de troca de nome é uma história que pouca gente sabe, mas vou revelar para você. Surgiu de um cantor famoso que fez um show em um lançamento do McDia Feliz. Era um evento imenso, e ele por várias vezes se referiu ao

McDonald's como Méqui. "O Méqui é f*da mesmo, o Méqui é show de bola, o Méqui não sei o que lá!". Bem, eu anotei: **não é McDonald's, é Méqui!**

McDonald's, por amor, virou Méqui

Naquela época, eu nem fazia ideia de como seria a grafia do nome. Isso veio depois, com os gênios do marketing liderados pelo João Branco, e assim foi. Tão logo o João assumiu a posição de CMO, pedi que ele me convidasse para participar da reunião com todo o Time e com a agência de publicidade que trabalhava conosco. Foi uma reunião excelente e muito produtiva, em que desenhamos como seria o futuro da marca. Em determinado momento, contei a ideia do Méqui, e o VP de criação da agência deu um pulo da cadeira. Ele disse: "PQP! É do caramba! Nós podemos fazer isso?". Sorri e respondi: "É melhor não perguntar...".

A partir daí, o João liderou uma das maiores transformações do McDonald's – e tudo isso por uma história de amor. O que acontecia com a marca refletia a história de amor com os Clientes, amor esse que já não era mais correspondido por uma das partes. Mudar o nome da marca era o grande gesto para declarar que não íamos desistir tão fácil. **McDonald's, por amor, virou Méqui.**

Contando com a ajuda do vizinho

O João teve meses de trabalho antes da mudança. A reunião sobre a qual comentei foi em fevereiro de 2019, e o Méqui só foi lançado em setembro daquele ano. Tínhamos que ter certeza de que estávamos certos da decisão, e a forma de executar aquilo era ainda mais importante. Nisso, os marketeiros foram geniais. Em uma madrugada, mudaram a marca da loja na Avenida Paulista, em São Paulo, e na

Avenida das Américas, no Rio de Janeiro. Bem, **o vizinho fez a parte dele**, tirando uma foto e postando no Twitter algo como: "Não sei o que dizer, mas o McDonald's mudou a marca aqui na frente de casa".

Foi o suficiente para estourar a internet. Viralizou! A imprensa ficou o dia todo pedindo mais informações, então contamos mais daquela grande campanha de reconquista.

Desestruturamos algo consolidado e mudamos a marca para potencializar a conexão com quem mais importava: o Cliente. Obviamente, fizemos isso com base em dados e pesquisas. O marketing, comandado pelo João Branco, tinha feito todas os estudos necessários para mostrar à diretoria que estávamos no caminho certo e que teria o efeito que esperávamos. Ainda assim, quero que esse exemplo seja a forma de mostrar que nada na empresa era "sagrado", intocável ou imutável: para alcançar as metas ambiciosas, estávamos dispostos a inovar, a arriscar. Mas mudar o nome de uma das maiores e mais conhecidas marcas do mundo? Ninguém jamais autorizaria isso. E foi por isso que, logo depois, com toda a atenção midiática em torno da mudança, tivemos que ir à matriz global da empresa para explicar o que estava acontecendo.

Nunca vou me esquecer do dia em que João e eu fomos para Chicago, nos Estados Unidos, para a reunião na matriz do McDonald's. Obviamente, a grande pauta era explicarmos por que "cargas d'água" **tínhamos trocado, em um dos maiores mercados do mundo, o nome de uma marca mais conhecida do que vários países**.

Era uma manhã chuvosa – nada de novo em Chicago. João e eu estávamos tensos, antecipando uma reunião em que provavelmente levaríamos uma bronca, mas tínhamos certeza da decisão que havíamos tomado. Tínhamos todos os relatórios e números para comprovar que desestruturar tinha sido a decisão correta.

Quando chegamos à sede, fomos encaminhados a uma sala de reunião onde o head de marketing global da empresa, que chamaremos aqui de Kevin, nos esperava. Logo de início encontramos a diretora de marketing para a América Latina, que nem quis olhar para minha cara. Ela também não havia sido exatamente consultada para tomarmos aquela decisão. É claro que havíamos enviado um e-mail informando que faríamos uma campanha sobre a marca, mas sem dar detalhes. E fizemos isso por uma razão muito simples e óbvia: se tivéssemos explicado, a resposta ao e-mail teria sido um sonoro "não!".

João tinha preparado uma superapresentação que deixaria claro a todos os presentes que tínhamos feito a escolha certa, mas, ainda assim, a tensão na sala antes dessa apresentação estava alta. Optei mais uma vez por quebrar o protocolo e fazer algo que eu, instintivamente, sabia que era correto.

Chamei o Kevin para conversar em um canto da sala. Ele era praticamente um atleta nórdico, com quase 2 metros de altura. A diferença de altura de mais ou menos 30 centímetros entre nós não ajudou muito com meu nervosismo, mas eu era um homem com uma missão **e ia cumpri-la**.

Eu disse: "Kevin, sei que estamos aqui para explicar o assunto da marca, mas, antes de começarmos a apresentação, gostaria de contar uma história". Ele ainda parecia um pouco cético com a direção que a conversa estava tomando, mas concordou. Prossegui: "Quando eu e a Débora, minha esposa, brigamos, ela tem uma mania peculiar. Por todo o tempo que estamos brigados, faça chuva ou faça sol, a Débora vai me chamar por meu nome completo: Paulo Sergio de Camargo. Quando estamos bem um com o outro é diferente. Quando ela quer demonstrar amor e afeto, ela me chama por meu apelido carinhoso: Gordo".

Kevin se divertiu com o apelido, e aproveitei para entregar meu ponto "enquanto o ferro estava quente". Continuei: "Veja bem, para os brasileiros, falar McDonald's é como dizer Paulo Sergio de Camargo. **Agora, Méqui é nossa forma, lá, de chamar o McDonald's de Gordo.** Queríamos lembrar a nossos Clientes do afeto que ainda existe entre nós, e foi por isso que mudamos o nome".

Foram cinco segundos que, para mim, pareceram cinco minutos, esperando que o Kevin comentasse alguma coisa depois da história. Ele acenou com a cabeça e riu. Ele me contou que a família dele também tem um apelido afetuoso pelo qual o chama quando tudo está bem, então entendia nossa escolha pelo Méqui. Inclusive, nos parabenizou pela ousadia e iniciativa. E, é claro, pediu para ver os números que o João tinha levado para apresentar.

A moral dessa história não é "atropele a cadeia de comando" ou "tenha apelidos carinhosos". A moral dessa história é que, às vezes, para tomar a decisão certa, você terá de abrir mão de tudo aquilo que é tradicional e consolidado e confiar em seus instintos. Essa também é uma grande função do líder.

Abandonar o que é consolidado também é, por vezes, ignorar seus competidores e os *benchmarks* do mercado. Eu me lembro de um dos concorrentes, outra grande rede internacional de hambúrgueres, que usualmente fazia brincadeiras direcionadas ao Méqui em algumas propagandas. Os repórteres, animados para ver o circo pegar fogo, sempre vinham até mim e perguntavam: "E aí, Paulo? O que você acha da mais recente provocação?". Minha resposta era sempre a mesma. Eu calmamente olhava para os repórteres e dizia: "Provocação? Não estava sabendo". E fazia cara de desentendido por alguns segundos. Aí, quando eles entendiam a brincadeira e começavam a rir, eu abria um sorriso e continuava: **"Aqui no Méqui, nós só estamos**

A MORAL DESSA HISTÓRIA É QUE, ÀS VEZES, PARA TOMAR A DECISÃO CERTA, VOCÊ TERÁ DE ABRIR MÃO DE TUDO AQUILO QUE É TRADICIONAL E CONSOLIDADO E CONFIAR EM SEUS INSTINTOS. ESSA TAMBÉM É UMA GRANDE FUNÇÃO DO LÍDER.

SEJA O LÍDER QUE VOCÊ GOSTARIA DE TER COMO CHEFE
@OIPAULOCAMARGO

empenhados em provocar quem realmente interessa: o Cliente". Não importa o que os outros *players* do mercado fazem: importa o que você faz e o que conta para seus Clientes e Colaboradores.

É importante mencionar que cada empresa tem uma estratégia, e por trás disso nos entendíamos, nos respeitávamos e nos admirávamos muito mais do que nos desentendíamos. Esse competidor que mencionei, por exemplo, foi uma empresa que me ensinou muito e me fez crescer muito enquanto rival de mercado. É isso que bons competidores fazem: eles nos engrandecem. Acho engraçado pensar que algumas pessoas tomavam essas estratégias de empresas como sinal de alguma desavença entre mim e outros líderes de redes concorrentes. Nunca foi o caso. Inclusive, essa foi a época em que fui presidente do Instituto Foodservice Brasil (IFB), que congregava todas as grandes marcas do mercado. Quem se sentava a meu lado e dividia várias risadas comigo, inclusive quanto a essas propagandas, era o presidente da outra rede.

E mais do que isso: alguns anos depois, em 2024, eu mesmo assumi o desafio de me tornar CEO da empresa controladora dessa marca. Ela continuou provocadora, e com razão. Estar à frente da ZAMP, e, por meio dela, do Burger King, me ensinou que o BK é provocador porque o Cliente valoriza campanhas provocadoras – e não por causa dos seus competidores no mercado. Os olhos estão sempre no Cliente! E no caso do BK, o Cliente no geral tem perfil mais jovem, mais "zueiro", e espera uma marca que reconheça e valorize esses traços.

É por isso que, durante meu tempo como CEO da ZAMP, tivemos campanhas em parceria com grandes franquias de videogames como League of Legends, tivemos a campanha do hambúrguer gratuito para advogados (que bombou nos grupos da OAB!) etc.

Com campanhas mais bem-humoradas, há sempre um risco. Você nunca vai acertar todas, mas elas são um exemplo excelente do que estamos discutindo: não há dados para o humor. Nunca há informações suficientes se uma campanha mais brincalhona vai acertar e conquistar o Cliente ou se ela vai ter algum *backlash* para o Time resolver depois. Chega um momento em que você tem que aceitar os dados que já tem em mãos e confiar que, ao fazer o dever de casa, você e seu Time conhecem o Cliente. A ZAMP foi uma excelente escola desse lado da liderança.

Jeff Bezos, CEO e fundador da Amazon, traduziu isso perfeitamente em uma edição do The Economic Club Of Washington, quando disse: "Todas as minhas melhores decisões nos negócios e na vida foram feitas com coração, intuição, coragem… não análise. Se você consegue tomar uma decisão com análise, você deve fazer isso. Mas acontece que na vida suas decisões mais importantes são sempre feitas com instinto e intuição, bom gosto, coração".[15]

O instinto do líder não é uma substituição aos dados, ao bom e robusto aconselhamento, ao tempo para maturar uma ideia. Ele é, pelo contrário, algo que se desenvolve e que se torna cada vez mais afiado à medida que você convive com esses dados e conselhos. O que não pode ou deve ocorrer é você se tornar o tipo de gestor que só toma uma decisão se ela tiver sido referendada por múltiplas outras pessoas. **Muitas vezes, você terá de decidir sozinho e precisará de coragem para confiar nos instintos que já desenvolveu.**

---

15 JEFF BEZOS no The Economic Club Of Washington. [Washington, D.C.: *s. n.*], 13 set. 2018. 1 vídeo (70 min). Publicado pelo canal CNBC. Disponível em: https://www.youtube.com/watch?v=xv_vkA0jsyo. Acesso em: 28 mar. 2024.

ESTEJA PREPARADO PARA TUDO

Outra história que posso compartilhar sobre como é necessário desafiar noções do *status quo* e confiar em seus instintos é a de quando deixei o Exército e migrei para o mundo corporativo. Eu estava disputando uma vaga de trainee na PepsiCo. Tudo estava correndo bem no processo seletivo, e eu estava confiante.

Um dia, me chamaram para uma entrevista com quem daria a palavra final: nada mais, nada menos que Osvaldo Setuian, o CEO de uma das divisões da PepsiCo. Cheguei à PepsiCo e fui direcionado para uma das salas mais sofisticadas que já tinha visto até então. Pé direito alto, madeira escura, ornamentos chiques, sala imensa – tudo para deixar claro que eu estava na presença de alguém do alto escalão de uma imensa multinacional.

Fizemos a entrevista, e tudo parecia fluir da melhor forma possível, até que ele me perguntou: "*So, how's your english*?" (Como é seu inglês?). Aí não tive escapatória. Eu não falava inglês, algo que deveria ter considerado antes de me candidatar para uma vaga em uma multinacional, mas eu não ia desistir tão fácil. O Osvaldo percebeu minha hesitação e fez questão de me lembrar que o inglês seria muito demandado no cargo, e que eles não poderiam contratar alguém que não dominasse a língua.

Antes que ele pudesse descartar minha inscrição para o cargo, pedi uma chance. Ele disse que adoraria ajudar, mas que não existia essa possibilidade, já que quem conseguisse o cargo teria de embarcar para os Estados Unidos em poucas semanas. Ainda assim, como eu tinha ido muito bem na entrevista, tranquilamente podia me enquadrar nas vagas para os programas de trainee para quem ficaria no Brasil. Mas não era o bastante para mim.

Depois de minhas experiências no Exército, eu já estava decidido a ser um cidadão do mundo, então não podia perder aquela oportunidade. Nunca tinha trabalhado fora do Brasil, e passar três meses nos Estados Unidos poderia mudar minha vida. Talvez por curiosidade de ver se seria possível, talvez por pena, talvez por minha insistência, ele me fez uma proposta: **"Se quiser voltar em uma semana, faremos outra entrevista, totalmente em inglês"**. Obviamente aceitei na mesma hora. Agradeci muito e disse que ele não se arrependeria.

ENTÃO, ERA SÓ APRENDER INGLÊS! EM SETE DIAS...

Naquela época, eu ainda morava em Carapicuíba. Lá, não havia boas escolas de inglês, mas eu sabia que em Alphaville, que ficava em Barueri, cidade próxima, havia uma escola de alta reputação. Fui direto da PepsiCo para a escola. Na recepção, perguntei pelo diretor; quando ele me atendeu, falei: "Tenho um desafio para você: preciso aprender inglês em tempo recorde".

Johnny – nunca vou esquecer esse nome –, com uma cara de professor experiente, ainda nem tinha ouvido a história toda, mas já começou a me ensinar: "Aprender línguas depende de vários fatores, meu jovem. Primeiro seu interesse, depois o professor e por fim a metodologia da escola. Nossa metodologia, posso garantir, é das melhores, e nossos professores também…". Antes que ele finalizasse a próxima frase, falei: "Serei seu melhor aluno, disparado, mas tem uma coisa, Johnny: eu só tenho uma semana".

Ele começou a rir e me perguntou se eu estava brincando. Bem, se até o CEO da PepsiCo já tinha feito aquela proposta maluca, não seria ali que eu desistiria. Então, sem pestanejar, emendei: "Johnny, não é brincadeira, não. É assunto muito sério! **É a oportunidade de minha vida, e eu preciso de sua ajuda.** Concordo que você não tem como me ensinar todo o inglês em uma semana, mas tenho certeza de que, com sua expertise, você pode me ensinar a fazer uma entrevista em inglês daqui a sete dias". O Johnny ficou pensativo por alguns segundos, mas disparou: "*Deal!*". E eu: "O quê?". Ele finalizou dizendo que não só a escola topava o desafio, como ele mesmo seria meu *teacher*. **E que professor eu tive naquela semana!**

Começávamos a estudar às 7h. Almoçávamos juntos e depois ele me emprestava o que de mais tecnológico existia no momento: fitas K-7. Fiz uma imersão completa no inglês, nos termos técnicos, em gramática e principalmente em tudo que poderia ser perguntado em uma entrevista. Johnny até me recomendou: "Se sua mãe perguntar algo, responda em inglês também!". Em uma noite, minha mãe entrou no quarto e disse: "Paulo, venha jantar. Só fica o dia inteiro aí estudando, com esse fone na cabeça… Não tá com fome, não?". E respondi: "*Thanks, mom. I am not hungry*". Ela saiu balançando a cabeça e dizendo: "Vixe, esse menino tá ficando doido".

O Johnny foi muito generoso comigo. Foi um mestre na arte de ensinar e acreditar em meu potencial. Sete dias depois, voltei à PepsiCo. O Osvaldo pareceu surpreso de ver que eu havia voltado. Depois de uma hora e meia comigo, o queixo dele foi ao chão. Ele não podia acreditar no que tinha acontecido naquela sala.

Osvaldo também foi uma grande inspiração para mim como líder. Até hoje me inspiro nele para desbloquear o potencial de meus Colaboradores e de meus Mentorados. Já o Johnny, infelizmente, nunca mais achei. Queria muito encontrá-lo para dizer o quanto o trabalho dele foi importante em minha vida. O Osvaldo, hoje, é meu amigo. Em minha última visita a Buenos Aires, estive com ele para batermos um papo e comer uma daquelas *medialunas* maravilhosas que só nossos *hermanos* sabem fazer.

Com certeza, não fui contratado por meu nível de inglês. Fui contratado por contrariar a lógica, o pensamento comum, por visualizar que era possível o que para muita gente parecia impossível. Esta frase atribuída a Walt Disney já falava de algo assim: "Gosto do impossível porque lá a concorrência é menor".

Mais do que o inglês em si, penso que a contratação ocorreu porque eles perceberam que eu teria a disciplina e a determinação necessárias para aceitar qualquer desafio, não importasse quão impossível ele parecesse.

Ainda assim, preciso dizer que não existem milagres. **A história do inglês em sete dias não para por aí.** Eu havia passado uma semana inteira estudando inglês para entrevistas de emprego, mas tinha todo o resto da língua inglesa que ainda não estava em meu repertório. Pouco tempo depois da contratação, a PepsiCo me enviou com outros trainees para uma imersão nos Estados Unidos, e nunca vou me esquecer de chegar à alfândega, ouvir o policial da fronteira pedir meu passaporte e eu só responder com um sonoro "*What?*".

O problema era: eu estava em uma imersão totalmente em inglês nos Estados Unidos, custeada pela empresa. Eu não tinha escolha. Ou dava meu jeito e estudava, ou admitia que estava errado e renunciava ao cargo. E a segunda opção era impensável para mim.

DESESTRUTURAR PARA POTENCIALIZAR, MUITAS VEZES, SIGNIFICA DAR PASSOS MAIORES DO QUE AS PERNAS. PRIMEIRO VOCÊ DECIDE E, DEPOIS, VIABILIZA.

Eu estava nos EUA, com tudo pago por três meses e com um carro. Decidi que essa seria minha oportunidade de finalmente alcançar os passos que minhas pernas tinham dado. Enquanto à noite os outros executivos que já dominavam o inglês saíam para se divertir ou ficavam descansando no hotel, decidi que ia sair e encontrar formas de praticar meu inglês. Curiosamente, antes que eu pudesse fazer isso por conta própria, uma dessas "formas" me encontrou. Com sirenes.

No Brasil, temos o costume de trocar de pistas com frequência. É só dar a seta, garantir que não vem ninguém, e trocar. Já nos Estados Unidos não é bem assim. Trocar muito de pista é algo que em geral é feito por motoristas embriagados. E aí, naturalmente, fui parado pela polícia. Depois de me chamar de louco por trocar de pistas assim e dizer que eu poderia causar um acidente, o policial me entregou uma multa de uns 100 dólares.

Caramba, 100 dólares era uma parte grande de meu orçamento mensal naquela época. Perguntei ao policial se eu poderia recorrer da multa, mas ele me disse que não. Entretanto, se eu realizasse um **curso de direção defensiva de uma semana, oferecido pela polícia**, a multa teria desconto de até 50%. Para mim, era como acertar dois coelhos com uma cajadada. Eu pagaria mais barato na multa e ainda passaria uma semana tendo aulas noturnas de direção defensiva – **que, para mim, eram também aulas de inglês**. E essa foi uma das melhores decisões que tomei naquele período.

Com o tempo, e com muita prática, me tornei fluente em inglês. Ainda assim, continuo aprendendo mais a cada dia. Mesmo antes da fluência, busquei diversas oportunidades para que meu inglês estivesse sempre à altura das responsabilidades que eu tinha assumido.

Tomar decisões que fogem ao *status quo* é parte do cotidiano de um líder, mas também é algo desafiador. Muitas vezes, você terá de dar passos que você e seu Time não estão preparados para dar. Isso não significa que o passo não deve ser dado, só significa que, uma vez que ele for dado, será seu novo papel capacitar a você mesmo e sua Equipe a lidar de maneira adequada com a nova realidade.

Foi o que fiz com meu cargo na PepsiCo, e isso mudou minha vida. Foi o que fiz com a marca do Méqui, e isso transformou a empresa. Lembre-se: o segundo passo depois de desestruturar é potencializar. Novos crescimentos, com frequência, exigem que você abandone algo que não o atende mais ou que você busque um novo caminho que ainda não contemplou.

Por que a Samsung sobreviveu ao iPhone enquanto a Nokia e a BlackBerry, gigantes do mercado à época, não? Porque ela teve coragem de se reinventar e se adequar ao novo mercado.

SE NÃO HÁ *BENCHMARK*, SEJA O *BENCHMARK*

Como um último exemplo, quero contar a você uma tradição que o Méqui tinha no Brasil: a empresa não gostava do uso de redes sociais pelos Colaboradores. Não era algo expressamente proibido, mas de modo velado, sim. Essa, entretanto, não era uma decisão inteligente, sobretudo considerando o cenário negativo em que o Méqui se encontrava quando entrei.

A situação era a seguinte: aqueles que poderiam falar bem da empresa e que estavam felizes com ela não se pronunciavam on-line, pois respeitavam as regras. Já aqueles que estavam descontentes com algo e não estavam nem aí para as regras derramavam descontentamento nas redes sociais. Logo, só o discurso negativo ficava circulando.

Quando me tornei CEO, esse foi um dos costumes que decidi quebrar, trabalhando em conjunto com a área de Comunicação.

Desestruturar para potencializar **153**

As redes sociais chegaram para ficar e eram a nova regra do jogo. Não me importava que no Méqui "sempre tinha sido assim", porque eu queria que estivéssemos à frente das tendências, e não alheios a elas.

Foi aí que chamei uma dupla de profissionais de comunicação altamente competentes para uma conversa: o diretor e a gerente de Comunicações. De cara, pedi o apoio deles para estruturarmos um grupo de trabalho com Colaboradores do Méqui que tivessem gosto e jeito para serem *influencers* nas redes. Eles ficaram surpresos com a ousadia, no início, mas compraram a ideia assim que expliquei melhor o que eu tinha em mente.

Eles foram incríveis! Em tempo recorde, construíram, junto desses Colaboradores, toda a nova política da empresa para o uso de redes sociais. Em vez de tratar essas plataformas como algo alheio à empresa ou negativo, criamos incentivos para que os Colaboradores compartilhassem experiências com a hashtag #Méqui e outras similares, e vimos como isso fez a empresa crescer nas mídias.

Certo dia, outro diretor me perguntou: "E se vierem comentários negativos, Paulo?". Não hesitei: **"É melhor que a gente fique sabendo, para poder resolver rápido"**. E é claro que vieram comentários negativos. O fato é: com a estratégia, eles foram engolidos pela grande quantidade de comentários positivos. E melhor: além da boa publicidade, aumentamos o engajamento da Equipe e garantimos que milhares de posts com a hashtag #Méqui fossem feitos todos os dias. Eu, obviamente, tinha de dar exemplo, e é por isso que a cada visita a campo pelo Brasil afora eu fazia questão de fazer um post com os Colaboradores que encontrava – prática que mantenho até hoje.

Alguns meses depois, um "super, mega, blaster" vice-presidente de comunicações da matriz, lá dos EUA, veio nos visitar. Ele perguntou o que estávamos desenvolvendo nas comunicações do Méqui, e o diretor da área e eu fizemos o melhor para cobrir todas as iniciativas que tínhamos construído. Ao final da conversa, quis aproveitar a presença desse importante executivo da matriz para melhorar ainda mais nossas atividades e pedi a ele que me indicasse algum outro mercado da marca com o qual pudéssemos aprender mais. Pedi que ele me indicasse o *benchmark* global do McDonald's para a área de engajamento dos Colaboradores com o mundo digital e as redes sociais. Meu objetivo era aprender com a boa experiência das outras unidades e incorporar isso ao McDonald's Brasil. Ele riu, meio sem graça. Depois de alguns segundos, olhou para mim e disse: **"Você é o *benchmark*"**.

Hoje, sei que isso pode parecer algo normal, mas naquela época ousamos nos tornar os precursores da jornada digital como empregadores – não ignorando que os Colaboradores tinham redes sociais, e sim os convidando a vivê-las conosco. Nem toda desestruturação precisa ser uma revolução, mas toda desestruturação exige a coragem para mudar.

Tradições existem para serem quebradas assim que surgir algo melhor e mais adequado que as substitua. Não mumifique as Equipes que você dirige antes da hora só porque você tem medo demais de tomar novas decisões. Sempre que possível, pergunte-se: qual é o "mas sempre foi assim" ou o "seria ótimo, mas não é possível" que atrasa o crescimento de minha Equipe hoje? A escolha que faz você sentir frio na barriga é, provavelmente, a mais indicada.

09.
Criar significado

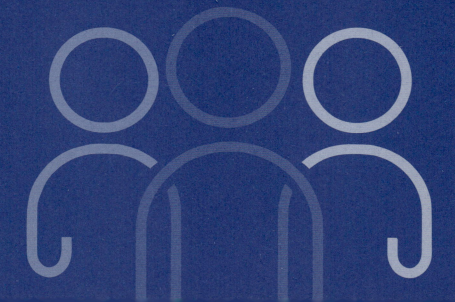

Os tempos do local do trabalho como uma dimensão separada da vida pessoal, que você frequenta exclusivamente para conseguir dinheiro e viabilizar os desejos de seu tempo livre, não existem mais. Não basta ter objetivos e metas claros, plano de carreira, remuneração competitiva: Equipes e empresas da atualidade precisam ter propósito e valores para prosperar. Cabe a um bom líder praticar a liderança em si e dar a seu Time esse direcionamento, que chamaremos aqui de "significado".

Significado é a razão de ser por trás da atividade, da meta, da existência de alguma coisa: seu "porquê". Líderes que lideram ao criar significado articulam as Equipes ao redor de valores comuns e se esforçam para garantir que os Colaboradores não só entendam, mas também partilhem a noção de importância de determinada tarefa. Eles são o oposto dos chefes generais corporativos, que dão ordens e esperam ser obedecidos exclusivamente em função da superioridade hierárquica. Para esses chefes, não importa se o Colaborador entende a importância de determinado serviço ou se há valores partilhados: o Colaborador deve fazer o que foi mandado. Por quê? Porque sim.

Maus gestores comandam os subordinados com base no "porque sim". **Líderes dirigem os Times com base em "porquês".**

Para entender o que quero dizer com "porquês", quero trazer de novo à conversa o trabalho de Simon Sinek, autor do livro *Comece pelo porquê*[16] e palestrante internacional de liderança corporativa. Em uma palestra viral de 2009 para o TED, chamada "How Great Leaders Inspire Action",[17] Sinek traz a noção do "círculo dourado", que explica por que algumas empresas e algumas lideranças são mais inspiradoras e vanguardistas do que outras.

POR QUÊ, COMO E O QUÊ

Sinek dá três exemplos para reflexão: a Apple, os irmãos Wright e o Doutor Martin Luther King. Por que a Apple é frequentemente mais inovadora do que empresas similares, sendo que todas elas têm acesso aos mesmos profissionais, aos mesmos recursos financeiros e às mesmas tecnologias? Por que Martin Luther King se tornou o grande nome do movimento por direitos civis nos Estados Unidos quando havia várias outras lideranças falando sobre o mesmo tema? Por que os irmãos Wright conseguiram desenvolver o Flyer e levantar voo antes dos demais, se os competidores tinham mais patrocínio e mais estudo? A resposta é simples: porque eles sabiam os "porquês" e lideraram os Times a partir deles.

Qualquer gestor sabe o que faz. Esse "o quê" é o produto, o serviço, a atividade. Bons gestores sabem o "como": qual é o diferencial que faz que ele e o Time agreguem mais valor aos Clientes. Grandes líderes sabem o "porquê": valores, crenças e objetivos de promover mudança positiva no mundo e de torná-lo um lugar melhor por meio desse

---

16 SINEK, S. **Comece pelo porquê**: como grandes líderes inspiram pessoas e equipes a agir. Rio de Janeiro: Sextante, 2018.

17 HOW Great Leaders Inspire Action | Simon Sinek | TED. 2010. Vídeo (18min34seg). Publicado pelo canal TED. Disponível em: https://youtu.be/qp0HIF3SfI4?si=mvP1DRN2mDEnOvtt. Acesso em: 5 maio 2025.

trabalho. E, pelo que Sinek indica, as maiores lideranças não só sabem o "porquê" como também estruturam as estratégias ao redor disso.

Seu "porquê" dirá seu "como", que o levará a seu "o quê".

A Apple sabia que o próprio "porquê" era revolucionar o mercado de eletrônicos pessoais. O "como" era criar designs sofisticados e elegantes, mas que fossem fáceis de usar. O "o quê" era criar computadores, *players* de música e, por fim, celulares. O motivo pelo qual o iPhone é tão popular, apesar do preço elevado, não é porque ele é tecnologicamente superior a todos os outros aparelhos no mercado nem porque ele é sofisticado em aparência e fácil de usar. O iPhone continua sendo tão popular porque ele é da Apple, e a Apple é uma empresa revolucionária para o mercado de eletrônicos pessoais. Uma pessoa não compra um iPhone só por especificações técnicas, ela compra pela história que existe por trás dele e da marca que o criou. Essa história é o "porquê".

Já no caso dos irmãos Wright, eles sabiam que o trabalho deles revolucionaria a história: o "porquê". O "como" era a construção de uma máquina que possibilitaria o voo autossustentado de pessoas. O "o quê" era um avião chamado Flyer. Os membros da Equipe dos irmãos Wright acreditavam nesse motivo para fazer o que faziam, então deram o melhor que tinham para tornar aquele sonho, que passou também a ser deles, uma realidade. E foi assim que eles derrotaram Times mais capacitados tecnicamente, mais bem-financiados e mais numerosos, cujo trabalho não tinha significado.

Por fim, o Doutor Martin Luther King. **O "porquê" é o mais claro dos exemplos de Sinek: um sonho.** O "como" foi compartilhar esse sonho com as pessoas, na expectativa de inspirar quem tivesse os mesmos valores que ele. E o "o quê" foi militar em prol da dessegregação e dos direitos civis nos Estados Unidos.

O que esses exemplos mostram é que, quando você começa pelo significado, pelos "porquês", você se cerca de Colaboradores e Clientes que partilham dos mesmos valores que você e que estarão dispostos a se empenhar mais, a pagar mais pelos produtos e serviços e a lutar pelas mesmas causas em virtude dos valores compartilhados.

Falando assim, sei que encontrar seu "porquê" pode parecer algo intimidador. Nem todas as empresas são a Apple, nem todos teremos propósitos e oportunidades de vida tão revolucionários quanto conquistar os céus ou lutar por justiça e mudar para melhor a história de todo um país. A boa notícia é que você não precisa de um desses propósitos hercúleos para ser um bom líder: só precisa saber aquilo que o inspira e ajudar as pessoas sob sua gestão a encontrar o que as inspira também.

Há um motivo para este capítulo se chamar **"Criar significado"**, e não "Descobrir significado" ou "Descobrir porquês". É importante que você mesmo busque, tanto em sua história pessoal quanto na história de sua empresa, aquilo que mais o impactou positivamente. Quais foram os momentos que transformaram positivamente sua trajetória e que você tem buscado replicar desde então? Encontre-os. E aí, depois que encontrá-los, transforme-os em um propósito de vida e de carreira.

A vida começa aos 40

Levei quarenta anos para conseguir fazer isso. Lembro de ouvir meu pai, o Seu Pedro, me falando que **"a vida começa aos 40"** quando foi a vez dele de chegar a essa idade. A princípio, achei que era só uma frase clichê que ele tinha ouvido e da qual gostou, mas, quando veio minha vez, entendi.

Foi aos 40 anos que alcancei meu sonho de me tornar CEO, com a Iron Mountain, na Espanha. E foi quando assumi essa

QUAIS FORAM OS MOMENTOS QUE TRANSFORMARAM POSITIVAMENTE SUA TRAJETÓRIA E QUE VOCÊ TEM BUSCADO REPLICAR DESDE ENTÃO? ENCONTRE-OS. E AÍ, DEPOIS QUE ENCONTRÁ-LOS, TRANSFORME-OS EM UM PROPÓSITO DE VIDA E DE CARREIRA.

SEJA O LÍDER QUE VOCÊ GOSTARIA DE TER COMO CHEFE
@OIPAULOCAMARGO

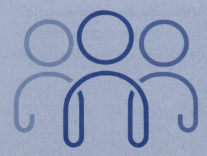

responsabilidade que percebi que meu grande diferencial, que tanto amava praticar quando interagia com minha Equipe, **era ajudar as pessoas a meu redor a se tornar as melhores versões delas próprias**. Isso, definitivamente, é o que me faz feliz, é meu propósito.

Antes dos 40, eu fazia isso como um hábito. Era algo que tinham feito por mim, tanto em minha casa (com meu pai) quanto no Exército (com o Coronel Briones) e até na PepsiCo. Eu sentia a necessidade de passar isso adiante e proporcionar isso a outras pessoas. **Eu queria que os Colaboradores tivessem novas oportunidades, desafios e chances de crescer e se tornar cada vez melhores.** Quando me tornei CEO, percebi que isso não era só um hábito de gestão que eu havia desenvolvido, era um propósito que eu precisava buscar para me sentir realizado e que eu queria que permeasse a empresa que tinha sido convidado a comandar.

Eu queria que fosse não só meu propósito, mas um propósito compartilhado pelos diretores, pelos gestores abaixo deles e até pelos Colaboradores em cargos mais iniciantes na empresa. Minhas decisões eram tomadas com a melhoria contínua da empresa e de todos nela em mente, e isso passou a afetar, inclusive, os serviços. Os Colaboradores e eu começamos a pensar em formas diferentes de atender aos Clientes para que eles também atingissem níveis cada vez melhores de performance.

Nossa lógica para pensar em novas formas de atender não foi focar aquilo que traria lucro, mas sim aquilo que melhor casaria com o propósito que estávamos cultivando internamente, e a partir daí, sim, pensar em como operacionalizar essa solução de maneira rentável.

Originalmente, a Iron Mountain, em uma das soluções, realizava o depósito e a catalogação de documentos bancários e corporativos importantes. Tínhamos imensos galpões, repletos de caixas de papel. Quando começamos a pensar em como o novo propósito da empresa poderia gerar mais valor aos Clientes, a primeira coisa que fiz foi levar uma dessas caixas à minha sala e abri-la.

Eu e os Colaboradores olhamos para aqueles documentos e começamos a pensar em formas de trabalhá-los junto dos Clientes para que os processos internos deles ficassem melhores, mais rápidos e mais eficientes. A partir dessa reflexão, começamos a pensar em como poderíamos oferecer essa solução. Como produto inicial, oferecemos a digitalização dos documentos e logo em seguida oferecemos sistemas de consulta de dados on-line para aquelas informações.

Think inside the box

Não começamos pelo "o quê": o produto. Não começamos pelo "como": analisando os documentos. **Começamos pelo "porquê"**: queríamos ajudar pessoas e empresas a ser a melhor versão do que poderiam ser. A ter acesso rápido a informação com a segurança necessária e evitando custos desnecessários. Na Iron Mountain fiquei conhecido por usar o slogan "***think inside the box***" ("pense dentro da caixa"), fazendo alusão ao famoso bordão "*think outside the box*" ("pense fora da caixa").

Como resultado, a empresa quadruplicou o faturamento em meus primeiros quatro anos de Iron Mountain. As vendas dobravam a cada ano, assim como a **satisfação dos Clientes**.

PROPÓSITO E SIGNIFICADO NÃO SÃO SÓ CATEGORIAS DE MARKETING

O erro que muitos líderes cometem é pensar que propósito e significado são só categorias de marketing, que são só coisas que dizemos dentro da empresa para fazer campanhas internas com os Colaboradores ou para patrocinar eventos que aumentem a exposição da marca. Se você pensa assim, você será rapidamente atropelado pelos avanços do mercado e substituído por uma pessoa mais receptiva à nova realidade.

As novas gerações no mercado não aceitam apenas saber o "o quê" nem seu "como": elas querem saber o "porquê" de você e sua empresa desempenharem uma atividade. Em uma pesquisa de 2021 feita pela Ernst & Young com membros da geração Z (nascidos entre 1997 e 2007), 63% dos entrevistados disseram que trabalhar para uma empresa com valores similares aos deles é "muito" ou "extremamente importante". Além disso, 69% dos entrevistados disseram que a prioridade é gostar do trabalho desempenhado. As próximas prioridades na lista foram "ser os melhores no que fazem" e "fazer diferença positiva no mundo", nessa ordem.[18]

Em pesquisa anual da Deloitte sobre a geração Z e os millennials (a geração anterior), a "Deloitte Global 2023 Gen Z and Millennial Survey", que entrevistou 22 mil pessoas em 44 países, também houve achados interessantes. Do total, 44% dos entrevistados da geração Z e 37% dos millennials reportaram já terem recusado tarefas em função de preocupações éticas, assim como 39% e 34%, respectivamente, já recusaram ofertas de trabalho de empregadores cujos valores não eram compatíveis com os valores pessoais deles.[19]

---

18 MCWILLIAMS, L. EY releases Gen Z survey revealing businesses must rethink their 'Plan Z'. **EY**, 4 nov. 2021. Disponível em: https://www.ey.com/en_us/news/2021/11/ey-releases-gen-z-survey-revealing-businesses-must-rethink-their-plan-z. Acesso em: 28 mar. 2024.

19 PARMELEE, M. 2023 Gen Z and Millennial survey. **Deloitte**, 2024. Disponível em: https://www.deloitte.com/global/en/issues/work/content/genz-millennialsurvey.html. Acesso em: 28 mar. 2024.

Isso não se reduz ao espaço de trabalho: **seus Clientes também prestam cada vez mais atenção a seus valores e a seu propósito**. Em 2018, a McKinsey realizou uma pesquisa em parceria com a Box1824 e entrevistou milhares de pessoas da geração Z no Brasil.[20] Essa é uma geração de pessoas que não só valoriza que a marca se posicione quanto a problemas do mundo, como também exige isso. Assim, 70% dos entrevistados disseram que tentam comprar produtos de marcas que eles consideram éticas; 80% disseram que se lembram de pelo menos um escândalo envolvendo grandes e médias empresas; e 80% disseram que evitam consumir produtos de marcas envolvidas em escândalos. Já 70% dos entrevistados de classe A e 58% dos entrevistados de classe C estavam dispostos a pagar a mais sobre o preço de produtos de marcas com as quais se identificam.

Se algumas das maiores firmas de pesquisa e consultoria corporativa do mundo estão colhendo esses dados, você, como líder, deveria prestar atenção e utilizá-los para programar seus próximos passos. A geração Z é quem dita o que o mercado será daqui para frente.

Uma consideração importante: os grupos de Colaboradores e de consumidores representam o mesmo grupo de pessoas, mas entrevistadas sobre temas diferentes, o que só evidencia como valores e propósito são essenciais para as novas gerações. Tome isso como o sinal definitivo de que você precisa, sendo líder, criar

---

20 FRANCIS, T.; HOEFEL, F. 'True Gen': Generation Z and its implications for companies. **McKinsey**, 12 nov. 2018. Disponível em: https://www.mckinsey.com/industries/consumer-packaged-goods/our-insights/true-gen-generation-z-and-its-implications-for-companies. Acesso em: 28 mar. 2024.

significado genuíno para suas Equipes e fazer que as pessoas se sintam vistas, valorizadas e compatíveis com os valores do espaço de trabalho.

Para que você consiga fazer isso, pode começar pelo básico. Antes de tentar compartilhar com as pessoas grandes valores e iniciativas que podem ser abraçados por sua empresa, comece criando significado no dia a dia de cada uma. Mostre como cada tarefa, cada cargo e cada setor são importantes para o todo e como vê cada pessoa dentro de sua organização e se importa com elas.

DEIXE CLARO QUE CADA UM E CADA ATIVIDADE IMPORTAM PARA VOCÊ E PARA SEU "PORQUÊ".

O João Branco deu uma palestra para o TEDx de Belo Horizonte, em 2023, na qual citou aquela minha história com o Maurício e o Seu Afonso e fez uma reflexão imprescindível: **"Seu trabalho não é só seu trabalho"**.

Não importa quão alto ou quão baixo na hierarquia de uma empresa um Colaborador está; se ele faz parte do organograma, ele é essencial para o bom funcionamento do todo. E, no final das contas, ser essencial para o bom funcionamento do todo significa que você é essencial para melhorar a vida de seu Cliente. **Não importa se você faz campanhas de marketing, atua como CEO ou prepara batata frita: seu trabalho é importante e melhora a vida das pessoas.** É isso que, como líder, você deve deixar claro.

Quer um exemplo básico? Lembre-se do nome das pessoas e de algumas coisas que importam para elas. Eu me lembro da primeira vez que um chefe meu, em contexto de trabalho, me pediu que eu contasse minha vida pessoal.

As pessoas têm vida pessoal, e isso importa

À época, eu estava fazendo entrevistas para entrar na Iron Mountain. Uma das conversas foi conduzida pelo presidente da empresa na América Latina, Ross Engelman. Logo que a entrevista começou, **Ross sorriu para mim e me perguntou sobre minha vida pessoal**. Contei a ele da Débora e do João Pedro, que tinha nascido havia pouco tempo, e ele mostrou interesse de verdade no que eu estava dizendo. Saí daquela entrevista me sentindo muito bem por diversas razões. Eu havia ido bem na parte técnica e comportamental, e parecia uma excelente oportunidade de trabalho. Ah, e é claro: eu já sabia me virar bem no inglês, o que foi imprescindível, já que Ross não falava português nem espanhol.

Depois de algumas semanas, tivemos uma segunda entrevista, e a primeira coisa que ele me disse foi: "Oi, Paulo! E aí, como vão o JP e a Débora?". **Me senti visto, valorizado, como uma pessoa de verdade**, e não só um número em uma planilha. Foi aí que entendi o que querem dizer quando, em cursos de liderança, falam para "ser simpático e perguntar da família". Vários outros chefes só perguntavam "E a família?" por educação e se esqueciam de tudo que eu dizia segundos depois. Ross, não. **Aliás, tive um chefe que era o oposto. Toda vez que ele ia falar comigo sobre esse tipo de coisa, fazia a mesma pergunta: "Você tem filhos, né?".**

Ross era iluminado e tinha memória diferenciada para essas coisas? Não creio, mas demonstrou interesse genuíno, e isso gerou, entre nós, conexão. Se tenho certeza de que ele decorou o nome da Débora e do JP? Não. Ele era executivo e tinha milhares de subordinados, dezenas deles em nível similar ao que eu ocuparia na empresa. O que ele possivelmente fez, e que aprendi com ele a fazer, foi anotar as informações que importam para as pessoas ao redor.

Anote o nome de um parente querido, dos filhos, do cônjuge. Anote alguma paixão que a pessoa tenha dito ou alguma conversa estimulante que aconteceu. Anote algum detalhe de algo que a pessoa fez e que marcou você. E aí, sempre que tiver a oportunidade, traga uma dessas coisas para a conversa, para mostrar para a outra pessoa que você se importa com ela, com o que ela faz e com o que ela diz.

"Paulo, anotar não é trapacear? Se você se importa tanto, não deveria decorar?" Pelo contrário! Anotar é o que mais mostra que você se importa. Se você tem memória de elefante, talvez não precise, mas não é meu caso. Especialmente se você estiver em uma situação similar à do Ross. Imagine se você tem dezenas de milhares de pessoas sob sua gestão, se convive com centenas de pessoas, com Colaboradores da limpeza, do comercial, de finanças, de marketing, de TI, investidores, fornecedores... todos eles importam para você.

Não se arrisque a decorar e cometer a gafe de esquecer de qualquer um deles ou de algo muito importante sobre alguém. Então anote, porque isso garante que seus Colaboradores sempre se sentirão vistos e ouvidos.

EU NÃO VENDIA BIG MAC

Quer outro pequeno gesto, mas que ajuda as pessoas a sentir que o que elas fazem importa? Tire um tempo como líder para elogiar, de maneira genuína, o trabalho de Colaboradores. Das pessoas da limpeza às pessoas do administrativo, passando pela diretoria: eu nunca conheci um Colaborador que não apreciasse um elogio honesto sobre o trabalho e que não se esforçasse mais para agir à altura daquele elogio depois que ele foi recebido. Realmente recomendo que você reserve tempo em sua agenda para reconhecer o trabalho bem-feito de seus Colaboradores.

Aos poucos, faça que eles tenham visão do valor que têm dentro da empresa. Diga ao pessoal do marketing como a campanha deles foi essencial para atingir aquele novo público e que o novo produto só foi um sucesso pela contribuição que eles deram. Agradeça ao Time de TI por ter otimizado determinado processo e deixe claro como isso vai liberar o tempo de outras Equipes para atender ainda melhor aos Clientes. Sente-se à mesa com os Colaboradores da limpeza e deixe claro como eles são vistos e valorizados e que só é possível que os outros setores desempenhem os trabalhos tão bem porque eles estão lá, dando duro.

Uma excelente forma de fazer isso é lembrar a seus Colaboradores o que a empresa faz de verdade. Eu não vendia Big Mac. Não vendia guarda de arquivos pela Iron Mountain. Não vendia procedimentos estéticos na Espaçolaser. Não vendia sanduíche, café ou frango frito na ZAMP. Meu entregável não pode se confundir com o valor que proporciono.

EU NÃO VENDIA BIG MAC.

Na Espaçolaser, vendíamos bem-estar e o benefício de encontrar sua melhor versão. Na Iron Mountain, vendíamos segurança e a certeza de que seus dados estavam protegidos. E no McDonald's vendíamos bons momentos. Isso significava várias coisas no dia a dia: significava ter restaurantes mais agradáveis e modernos, ter Colaboradores mais felizes e engajados, ter promoção para aqueles que estavam com o bolso mais curto, bem como rapidez e eficiência para quem estava com pressa, entrega em casa para quem não podia sair, um "drive-tudo" para quem está de bike, carro, moto ou até patins.

Um dos grandes eixos do McEvolution era criar a percepção de valor no trabalho de todos os Colaboradores e, com isso, transformar a experiência dos Clientes. Criamos significado para as tarefas mais básicas do Méqui, como limpar o chão e a mesa, fritar uma batatinha, entregar o produto na temperatura correta ou limpar um banheiro. Isso também valia para as tarefas mais complexas, como estruturar um plano plurianual de melhorias estratégicas. **Todas elas eram importantes** e todas elas geraram os excelentes resultados que estávamos buscando.

A HISTÓRIA DO MÉQUI 1000

Quando estávamos prestes a abrir a loja de número 1000, tivemos um episódio peculiar que ilustrou bem o que quero dizer. Unidades do Méqui são sempre construídas de forma discreta. Em algum momento, as pessoas percebem o que está sendo construído, mas não é comum que se alardeie que uma nova unidade do McDonald's vai surgir. Para a loja 1000, tínhamos um projeto imenso em mente. É engraçado: a maioria das pessoas, depois de fazer 999 restaurantes de sucesso, buscaria reproduzir aquele sucesso na milésima unidade, mas queríamos algo diferente, inédito e impactante.

O restaurante foi construído em um casarão em São Paulo, na Avenida Paulista. Durante a construção, havia muito sigilo sobre o que abriria ali, mas um grande amigo meu, advogado, acabou descobrindo. Um dia, passando em frente à obra, ele perguntou a um dos pedreiros o que aquela construção seria. Da primeira vez que ele perguntou, o Colaborador educadamente lhe informou que não poderia revelar. Mas, é claro, todos sabemos como são os bons advogados, e esse meu amigo é excelente. Então ele usou toda a perspicácia que tinha para convencer o rapaz de que não haveria problema se ele falasse. Depois de alguma insistência, o pedreiro olhou para um lado, olhou para o outro, de modo a garantir que ninguém o visse quebrando o sigilo, e disse: "Essa obra aí? **É Méqui 1000!**".

Meu amigo, feliz por ter conseguido a confirmação de que seria uma nova loja, me ligou para me dar os parabéns e me relatou a história. Imediatamente o interrompi e disse que ligaria de volta depois. Liguei para o João Branco o mais rápido que consegui. "E aí, chefe?", ele me disse. E eu só conseguia responder: "João, é Méqui 1000!". No início, ele não entendeu o que eu estava dizendo: "Sim, é a unidade mil do Méqui... mas e aí?". Tentei de novo: "João, você não tá entendendo, é Méqui 1000 o nome da nova loja!". Aí veio o silêncio do outro lado da linha. E o João me respondeu com a mesma euforia que tive ao ouvir a história de meu amigo.

Hoje, o Méqui 1000 é símbolo das conquistas daquela época que tivemos à frente do McDonald's do Brasil. Ele ficou tão popular que se tornou ponto turístico oficial de São Paulo, aparecendo inclusive em tours de agências de viagem. Mas, mais do que isso, a milésima loja se tornou a representação do significado de nosso trabalho, tudo graças a um Colaborador que entendia que o que ele estava fazendo não era só erguer uma obra: era construir o Méqui 1000.

Liderança é inspirar as pessoas para que enxerguem o próprio Méqui 1000 antes mesmo que você seja capaz de fazer isso. E isso requer a criação de significados e de cultura. Lembre-se: seu Cliente nunca vai sentir algo que seus Colaboradores não sentem. Ouvi essa frase do apresentador de um podcast do qual participei, e ela se tornou uma de minhas citações de cabeceira por um motivo: ela é real – e exige alguém capaz de praticar liderança em si, inspiradora, com significado, para se manifestar.

Outro exemplo de como fazer isso: em todas as empresas nas quais fui CEO, devo ter utilizado minha mesa de CEO para fazer reuniões umas quatro ou cinco vezes. Há duas explicações para isso. A primeira é que eu estava rodando pela empresa, pelas franquias, pelas lojas, na maior parte do tempo. **Não é possível ser CEO sem estar presente, o tempo todo, no cotidiano do negócio.** A segunda explicação é: eu não queria que os Colaboradores se sentissem separados de mim enquanto conversávamos. Queria uma lembrança visual de que eles poderiam ter opiniões diferentes das minhas ou propor caminhos alternativos e que poderiam falar olhando em meus olhos. Por esse motivo, sempre me sentei em outras mesas de reuniões, com várias cadeiras, junto deles. Queria que eles soubessem que aquele momento também importava para mim. Dos diretores a um Colaborador que pediu cinco minutos para conversar: se vão falar comigo, vamos estar juntos, sem a mesa do chefe para formar uma barreira simbólica entre nós.

A outra razão é que em uma grande mesa podem se sentar várias pessoas. É aí que o líder deve permitir que os outros o desafiem, que saibam que estão todos no mesmo nível, que podem debater, que podem sugerir. Quase sempre fico observando as conversas nessas grandes reuniões para aprender mais. Normalmente, as respostas surgem sem minha intervenção, mas quando é necessário eu ajudo.

Uma das coisas que costumo dizer é que, nessas oportunidades de grandes reuniões, quando duas pessoas falam com pontos

SEU CLIENTE NUNCA VAI SENTIR ALGO QUE SEUS COLABORADORES NÃO SENTEM.

SEJA O LÍDER QUE VOCÊ GOSTARIA DE TER COMO CHEFE
@OIPAULOCAMARGO

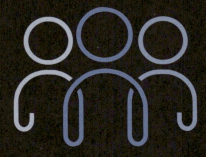

de vista divergentes, elas têm duas escolhas: discutir ou dialogar. Na discussão, você sempre terá um ganhador e um perdedor, e alguém que quer ver o outro aceitar a própria proposta como a melhor. Já no caso do diálogo, ambos ganham. Ambos aprendem a partir de perspectivas diferentes de um mesmo problema e se complementam na busca por uma melhor solução para o bem de todos.

São gestos pequenos? Sim. Mas acumulados ao longo de dias, meses e anos eles se tornam cultura corporativa, e cultura são valores. Meus valores e meu propósito permeiam cada um desses gestos. **Ajude seus Colaboradores a ser a melhor versão de si que eles conseguirem. Para atingir esse propósito, você precisa se importar com cada um deles, todos os dias.**

O mais divertido de criar significado é que isso vicia. **Quando você descobre seu propósito, ele lhe dá energia para enfrentar ainda mais desafios.** Sempre me lembro do exemplo do ex-futebolista português José Mourinho, que foi treinador de alguns dos maiores times da Liga Europeia. Quando se tornou treinador do Porto, uma das primeiras escolhas que ele tomou foi recrutar jogadores da comunidade local que acompanhava e torcia pelo time.

Não fez isso porque faltava dinheiro para a contratação de jogadores craques e caros. Fez isso porque trazer jogadores apaixonados pelo time e que poderiam ser cobrados pela comunidade local, também apaixonada, faria que ele tivesse um time que joga por propósito, e não por dinheiro. O resultado? O Porto cresceu a ponto de enfrentar um dos Golias do futebol europeu, o Manchester United – e venceu.

Depois do Porto, Mourinho foi treinador de diversos times europeus, inclusive da Inter de Milão. Um dia depois de vencer a

Champions League com a Inter, Mourinho anunciou a ida ao Real Madrid. Na época, acharam que ele estava louco, até que ele declarou que queria ter a chance de transformar de novo um time, como tinha feito com a Inter. Esse era o propósito dele.

Acho que entendo a sensação dele naquele momento, porque foi bastante similar ao que vivi ao pedir demissão do Méqui. No início de minha jornada como CEO, as coisas não estavam nada bem. Acertamos e erramos, e ainda me lembro de uma reunião dura com o Conselho de Administração no começo de minha jornada, na qual reconheci que os resultados iniciais não estavam bons e que a culpa era minha.

Quando saí, a Equipe tinha feito um excelente trabalho e, felizmente, estávamos em um excelente momento. Havíamos transformado a organização. **Era uma sensação de missão cumprida!** E não foram somente os resultados financeiros que haviam melhorado de maneira exponencial. **Muito mais importante foi "como" fizemos aquilo.** Havíamos resgatado o orgulho de pertencimento dos Colaboradores. Nos tornamos um celeiro de líderes que hoje ocupam posições de destaque em outros países com operação do McDonald's e formamos vários profissionais que ocupam diretorias em outras empresas brasileiras.

Como resultado do maior engajamento, o turnover e o absenteísmo, exemplos de termômetros usados para medir a satisfação do Time, haviam caído pela metade. O Time fez um trabalho espetacular, o Méqui ocupou o topo da lista das Melhores Empresas para se Trabalhar (GPTW), tornou-se marca favorita em todas as gerações, teve lucro (EBITDA) aumentado em 400 pontos básicos, vendas com crescimento de 80%, além de ganhos expressivos de *market share* durante meu período como CEO.

Foram onze anos de trabalho, cinco como VP de Operações e seis como presidente, períodos em que pude aprender muito. Ao aprender com Colaboradores, Franqueados, Clientes e diretores, pude me tornar um pouco mais completo. Realmente me senti complementado pelos quase 60 mil Colaboradores da empresa. E é por isso que nunca vou me esquecer de minha despedida do Méqui. Foi uma emoção sem igual. O único problema dessa despedida foi eu ter pegado covid-19 logo antes, o que me forçou a participar do evento a distância. Por sorte, grandes amigos e colegas estavam presentes e gravaram a reação do Time às minhas palavras.

Não há sensação como a de ver milhares de pessoas aplaudindo você de pé por ter dado a elas **a oportunidade de construir, em conjunto, a história de uma grande organização**. Sinto-me muito privilegiado de ter vivido isso da forma como vivi e guardo de recordação o vídeo. Foi uma despedida difícil, mas o Time estava preparado e era hora de dar oportunidade para outros profissionais também florescerem e de buscar outras oportunidades e outros líderes em potencial que precisavam de minha ajuda.

Eu queria a sensação de fazer aquilo de novo, de continuar aprendendo, de conhecer outras oportunidades, de continuar impactando a vida de outras pessoas e, por consequência, de outras empresas. Continuar desbloqueando o potencial de diferentes negócios e de cada uma das pessoas com quem tenho contato, seja no trabalho, seja em palestras, seja em mentorias, seja em cursos. Por sorte, tive a grande oportunidade de fazer isso com o Méqui e, quando chegamos àquilo que alguns Franqueados chamaram de "melhor momento", senti como se tivesse cumprido minha missão.

Para alguns pareceu uma loucura, e muitos de meus amigos disseram que eu estava abandonando **"um Time que estava ganhando**

de goleada", mas foi o que meu instinto me disse para fazer. Meu objetivo, então, tornou-se encontrar outros desafios. Outras oportunidades de impactar de novo. Esse, afinal, é meu propósito.

Assim como no Méqui, minha passagem pela Iron Mountain foi transformadora e de grande impacto nos sete anos em que estive por lá. Nos primeiros quatro anos de Iron, o faturamento cresceu quatro vezes. E foi por buscar mais um desafio assim que aceitei liderar a Epaçolaser. Em meu primeiro ano completo como CEO, a Equipe melhorou o EBITDA em praticamente 40%, trazendo a empresa de volta ao lucro. Além disso, renegociamos uma dívida que se encaixa com a saudável geração de caixa do negócio, franqueamos mercados internacionais e construímos um plano estratégico que pode ser transformacional para o futuro do negócio e da operação multinacional.

Na Espaçolaser encontrei líderes e amigos em todos os níveis da empresa, todos unidos pelo propósito de promover o bem-estar das pessoas e de melhorar ainda mais a marca. A todos os conselheiros, diretores, Franqueados e Colaboradores, deixo meu agradecimento pela confiança e pela parceria!

Criar significado é algo que flui naturalmente quando você descobre qual é sua razão de ser, seu "porquê". A partir daí, é só a arte de, como o Doutor Martin Luther King, compartilhar esse sonho com as pessoas e permitir que elas façam parte dele e o engrandeçam. **Criar significado é criar sonhos para serem sonhados com seus liderados. É isso que se espera de um líder.**

10.
E agora?

Sempre ouvi que, quando você ensina alguma coisa, deve compartilhar muito, mas manter reservado um "pulo do gato" que o diferencie das outras pessoas. Particularmente, nunca concordei com essa filosofia. Acredito que quando você ensina algo a alguém deve passar a essa pessoa tudo que você pode, da melhor forma possível, e **esperar que essa pessoa vá ainda mais longe do que você conseguiu ir**.

Relatei como minha jornada de evolução como líder coincidiu, em alguma medida, com minha jornada de me tornar pai. Hoje, acho essas duas coisas muito parecidas. Todo bom pai e toda boa mãe exercem uma forma natural de liderança. Todo bom líder se assemelha a alguém que cuida com firmeza e afeto. Assim, um de seus grandes desejos genuínos como líder deve ser que as pessoas que você lidera cresçam e alcem voos próprios, ainda mais altos do que os seus. Não há prazer maior do que ver como a vida de alguém se tornou mais plena por conhecer você.

As lições, as histórias e as reflexões que compartilhei neste livro são minha forma de munir você com as ferramentas que coletei ao longo de minha trajetória e que hoje me dão o privilégio de me entender como um bom líder. Agora, cabe a você utilizar esses ensinamentos e forjar sua própria história.

GESTÃO, HUMANIDADE E SIGNIFICADO

Minha intenção, com este livro, foi preparar você para a liderança humana e dinâmica que sempre desejei como Colaborador e que sempre busquei aplicar como líder. Essa liderança se sustenta sobre três pilares essenciais: gestão, humanidade e significado. Cada um desses pilares representa uma perspectiva diferente e complementar do que é comandar pessoas.

Quando falamos de gestão, estamos falando de processos, de não sermos complacentes com a baixa performance e buscarmos sempre resultados melhores e um Time mais eficiente. Estamos falando também de nunca nos esquecermos dos Executantes e de permitir que as particularidades que tornam os Colaboradores únicos sejam ferramentas que trabalham a favor do todo. **Nossas Equipes são como jangadas**, e a gestão é o que permite que nos complementemos e rememos em linha reta, rumo ao destino que definimos.

Ao falar de autoliderança, estamos falando, antes de tudo, de sermos autênticos. Isso significa estarmos presentes de verdade nos ambientes de liderança, e não usando as máscaras de líderes infalíveis que costumam existir. Ser autêntico é ser mais espontâneo, **é ser vulnerável**, é criar um espaço que permite que os Colaboradores também sejam versões mais verdadeiras e completas de si mesmos – enriquecendo as interações e o ambiente de trabalho.

Como consequência positiva da autenticidade, ao falarmos de liderança humana estamos falando também de terceirizar fraquezas. É importante que consigamos nos complementar uns nos outros e que criemos ambientes repletos de segurança psicológica e confiabilidade mútua que nos permita errar. O erro é um passo inevitável para o aprendizado e o crescimento. É por isso que o erro honesto tem de encontrar um lugar seguro para ser cometido e corrigido em espaços de boa liderança.

Equipes autênticas e com segurança psicológica para errar são as Equipes com o maior potencial de crescimento e alta performance.

Por fim, **quando falamos de liderança em si, estamos falando de significado**, tanto de ressignificar quanto de criar significado. Ressignificar é entender que certas práticas, ainda que tradicionais ou historicamente bem-sucedidas, não necessariamente têm lugar no futuro da empresa. O mundo muda, os objetivos mudam, e quando isso ocorre é importante desestruturar para potencializar os resultados.

Muitas vezes, como líder, você precisa sair dos moldes e encontrar novos caminhos. E, quando esses momentos chegam, é preciso confiar em seus instintos e dar passos para os quais você ainda não está preparado.

Além disso, é importante, dentro do conceito de significado, compartilhar valores e propósitos com seu Time. Cada membro deve saber que é importante para o funcionamento do todo, e cada atividade deve ser celebrada como uma parte essencial para conquistar as metas da Equipe. E, acima de tudo: você deve ter em mente o "porquê" de seu Time fazer o que faz e encontrar pessoas que partilhem desse valor com você. **Qualquer gestor sabe "o quê" faz. Bons gestores sabem "como" fazem. Grandes líderes sabem "por que" fazem.**

As novas gerações no mercado já estão ditando como será o futuro das empresas. Para os novos Colaboradores e Clientes, não basta ser uma empresa com um bom produto, é preciso ser uma empresa de boa índole, que se posiciona quando tem de se posicionar sobre temas importantes que a afetam. E é fácil entender por que isso importa: seu trabalho é onde você e seus Colaboradores passarão a maior parte do tempo útil na maior parte dos dias.

A nova tendência da liderança é entender que os Colaboradores não querem só estar em um lugar em que conseguem dinheiro e depois voltam para casa: eles querem sentir que fazem a diferença no mundo ao trabalhar com você, da forma como isso for possível para o segmento.

Quando você une os três eixos – gestão, autoliderança e liderança em si –, conquista as principais qualidades que, ao longo de minha jornada como líder, descobri que fazem real e grande diferença na vida das pessoas, inclusive na sua. Não posso dizer que cada uma dessas lições, da forma como as vivi e como as expliquei, se aplicará de maneira imediata e ideal nas situações que você enfrenta como líder, mas posso dar uma certeza importante. Ainda que você tenha que adequar as reflexões sobre as quais conversamos aqui para que se encaixem perfeitamente em sua realidade, posso garantir que aplicar esse tripé enriquecerá sua vivência de líder e a experiência que sua Equipe tem com você.

A partir daí, é tentativa e erro. **Da mesma forma que sua Equipe precisa de um ambiente seguro para errar e aprender, você precisa se cercar de mentores, outros líderes e Colaboradores sinceros que vão apontar seus erros e ajudar você a encontrar a melhor forma de transformá-los em acertos.**

E ainda mais do que isso: é necessário que você mesmo perceba e reflita sobre seus deslizes, aceite-os e se permita melhorar. **Críticas sinceras e construtivas são os melhores presentes que você pode receber** e vão fazer mais diferença em sua vida e em sua trajetória do que qualquer elogio. Tome isto como uma dica: cuidado com a necessidade de receber reconhecimento sempre. **Controle seu ego.**

DICA PARA A AVALIAÇÃO DE DESEMPENHO

Uma das práticas que recomendo para qualquer líder é a seguinte: durante as avaliações de desempenho, o que se espera de você, no papel de gestor, é que você faça uma avaliação objetiva e justa da performance da Equipe. Esse é o usual. Mas recomendo que, além de seguir os preceitos desenhados pelas melhores práticas de RH, você faça a seguinte pergunta a seu Colaborador direto: **"Quais são as coisas que estou fazendo bem e quais coisas preciso melhorar?"**.

Se você nunca fez esse exercício, verá que nas primeiras interações o Colaborador ficará meio perdido, sem saber como responder. Mas você pode estimulá-lo dizendo algo como: **"Se você fosse meu chefe, quais recomendações você me daria para ajudar mais ainda em seu desenvolvimento, para que sua área e toda a empresa tivessem uma melhor performance?"**. Com o tempo, as respostas serão cada vez mais enriquecedoras para sua relação com a Equipe e contribuirão para que vocês tenham uma conexão mais produtiva.

Ter feedbacks sinceros ajuda você a melhorar – e pedir por eles também. Há alguns meses, assisti ao curta-metragem ganhador do Oscar 2023, *O menino, a toupeira, a raposa e o cavalo*.[21] É um filme que recomendo, baseado no aclamado livro homônimo de Charlie Mackesy.[22] No filme, há diversas passagens e ensinamentos

---

21 O MENINO, a toupeira, a raposa e o cavalo. Direção: Charlie Mackesy, Peter Baynton. Reino Unido: Matthew Freud, Cara Speller, Hannah Minghella, J.J. Abrams, 2022. Vídeo (34min). Disponível em: https://tv.apple.com/br/movie/o-menino-a-toupeira-a-raposa-e-o-cavalo/umc.cmc.2aenzye90tqkj7iy0131oom9x. Acesso em: 5 maio 2025.

22 MACKESY, C. **O menino, a toupeira, a raposa e o cavalo**. Rio de Janeiro: Sextante, 2020.

marcantes, mas um deles me emocionou. O menino pergunta ao cavalo, que é o maior e mais forte animal da história, algo assim: "Qual foi a coisa mais corajosa que você já disse?", e recebe como resposta: "Me ajude". O cavalo continua: **"Pedir ajuda não é desistir. É se recusar a desistir".**

Pedir ajuda é um ato de coragem! Outro dia fiz um post no LinkedIn sobre isso. A grande maioria das pessoas concordou, mas algumas foram mais céticas e alegaram que o mundo corporativo não está preparado para isso. Minha resposta foi direta: "Entendo seu ponto e agradeço sua interação neste post". **Minha recomendação é: seja a mudança que você quer ver. Não desista!**

Há alguns meses, fui convidado para fazer a abertura do G4 Valley, um evento grandioso em um enorme centro de convenções em São Paulo. A plateia presencial era estimada em 5 mil pessoas, além de mais uma dezena de milhares on-line. Me pediram para falar por sessenta minutos sobre liderança, gestão e como entregar resultados através das pessoas. Faço palestras há anos, em função das posições que ocupei, mas – de verdade – não podia arriscar.

Os sócios da G4 confiaram em mim para fazer a abertura do maior evento do ano de educação corporativa, e eu não podia decepcioná-los. Não tive dúvidas, pesquisei quem sabia fazer isso bem e contratei uma empresa chamada Dália para me ajudar com a construção de uma palestra de alto impacto. Lembro-me de uma conversa marcante sobre o tema "erros" que tive com Bernardo Nicolau, o CEO. Ao falar de comunicação, ele me disse que "a comunicação é como uma dança. Quanto mais você se recrimina por ter errado determinado passo ou perdido o ritmo, mais rígido você fica e mais difícil se torna dançar. Os momentos em que você comete um deslize são os momentos em que deve lembrar que tem um parceiro de dança, relaxar e se permitir ser conduzido de volta aos passos da música".

Enquanto eu anotava essa fala, ele ainda me disse, com um sorriso: "**O propósito de uma dança, afinal, é divertir. Por que ficar tenso ajudaria?** Com a comunicação é a mesma coisa. E seu parceiro é sempre seu interlocutor".

É assim que vejo a liderança. **Você cometerá erros.** Desde que você os reconheça e permita que seus Colaboradores e seus líderes o corrijam e o tragam de volta à pista de dança, você ficará bem. E, é claro, há mais uma parte importante dessa analogia: ninguém nasce "pé de valsa". O único jeito de aprender a dançar é dançando, e **o único jeito de aprender a liderar é liderando**.

Com este livro, mostrei os passos. **Cabe agora a você descobrir seu "porquê" e convidar seu Time para bailar.**

11.
Daqui em diante

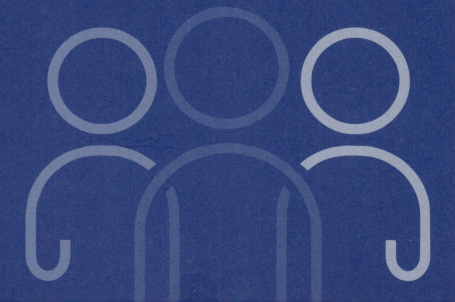

Escrevi este livro porque liderar não é fácil. Durante minha trajetória de décadas como líder, já me senti incapaz, inadequado, mal-informado. Já me senti perdido, arrependido e temeroso por minha Equipe. Sobrevivi, melhorei e aprendi. E felizmente me tornei um líder confiante para enfrentar qualquer situação que a vida jogue para mim e para meu Time.

Não foi um processo fácil. Tive de aprender a liderar a mim mesmo antes de me tornar um líder melhor para outras pessoas. Tive de me tornar mais autêntico e descobrir qual é meu "porquê". **Tive de me tornar justo, e não bonzinho nem cruel.** Tive que aprender a dar cada vez mais espaço para os Colaboradores me surpreenderem, e não só atenderem às expectativas pré-prontas que eu elaborava para eles.

Tive de aprender a criar conexões genuínas e compartilhar meus sonhos e propósitos com minhas Equipes. Tive de me tornar mais humano, tive de permitir me completar nos outros, terceirizando minhas fraquezas. Foram esses aprendizados que me permitiram sair da periferia humilde de Carapicuíba e me tornar CEO de algumas das maiores empresas do mundo.

Eu e você estamos chegando ao final desta jornada de leitura. Uma jornada de descoberta e crescimento sobre nosso papel como líderes. E é providencial lembrarmos que o verdadeiro poder da liderança não reside nas palavras que proferimos, e sim nas ações que praticamos, no exemplo que deixamos. Cada capítulo deste livro

EM TEMPO DE GESTORES SUPER-HERÓIS, GENERAIS CORPORATIVOS E CHEFES QUE ACREDITAM QUE OS COLABORADORES SÃO MÁQUINAS, SER HUMANO É SEU GRANDE DIFERENCIAL.

SEJA O LÍDER QUE VOCÊ
GOSTARIA DE TER COMO CHEFE
@OIPAULOCAMARGO

foi uma oportunidade para refletir, aprender e crescer nos aspectos da liderança.

Liderar não é apenas ocupar uma posição de autoridade. É inspirar, capacitar, desenvolver, descobrir talentos, guiar aqueles ao redor para alcançarem todo o potencial possível. É cultivar um ambiente onde a confiança floresça, as diferenças e as ideias sejam valorizadas e o progresso celebrado.

SUA VEZ!

Agora é sua vez de passar por isso. Com este livro, espero que seu trajeto seja mais curto que o meu e espero que ele traga tantas surpresas positivas – e felicidade – quanto meu caminho me trouxe. Seja o líder que faz a diferença, que desafia o *status quo*, que inspira os outros a alcançar grandes feitos.

Meu propósito é capacitar as pessoas para que se tornem as melhores versões de si mesmas. **É ajudar as pessoas a desbloquear o máximo potencial delas. Esse é meu "porquê" e meu sonho.** E neste livro compartilho esse sonho com você, para que sonhemos juntos.

Lembre-se sempre: não são títulos ou posições que definem um líder verdadeiro, mas sim suas ações, sua integridade e sua capacidade de influenciar positivamente o mundo ao redor. Juntos vamos criar um mundo onde isso seja a norma e onde todos tenham a oportunidade de brilhar.

Sim! Você pode! Você só precisa dar o primeiro passo. A melhoria dos resultados financeiros é consequência da simbiose que líder e liderados estabelecem entre si, sempre com base em liderança autêntica, humanizada, justa, inspiradora e participativa. Os resultados decorrem de uma Equipe mais comprometida, que entrega valor a si própria e ao Cliente. Comece já!

Seja a mudança que você quer ver!

Seja o líder que você gostaria de ter como chefe!

Como retribuição, só peço uma coisa: me deixe participar de sua jornada. Se alguma lição deste livro ressoar em você ou se alguma das dicas que dei aqui ajudar de alguma forma em seu cotidiano de líder, me conte! Me mande um "oi" nas redes sociais (@oipaulocamargo) ou faça uma postagem e me marque. Nada me faria mais feliz do que acompanhar seu crescimento e ver você atingindo seu máximo potencial.

Liderar não é uma tarefa simples, mas você já está preparado para iniciar essa jornada e já tem o passo a passo para melhorar. Se a excelência é um hábito, como Aristóteles disse, a liderança também é. Basta que você, com as intenções certas, se dedique a ela todos os dias. **Vai dar certo!**

Em um tempo de gestores super-heróis, generais corporativos e chefes que acreditam que os Colaboradores são máquinas, ser humano é seu grande diferencial. Tudo que você precisa, agora, é compartilhar com o mundo o melhor que você tem a oferecer. Estou ansioso para descobrir o que é!

@oipaulocamargo
in Paulo Camargo
@oipaulocamargo
f Paulo Camargo
Paulo Camargo

Este livro foi impresso
pela gráfica Santa Marta em
papel pólen bold 70 g/m²
em junho de 2025.